Lieber Papa,

dies Buch soll ein

kleiner Gruß zum

Jahresanfang 2003 sein

Gesegnete Zeit wünscht

Dir

Thomas

hänssler

Bernhard Langer

Meine Lebensgeschichte –
Höhen und Tiefen meines Lebens

aufgeschrieben von
Stuart Weir

Hänssler
Bestell-Nr. 393.921
ISBN 3-7751-3921-4

Originaltitel: Bernhard Langer: My autobiography
Übersetzung: Marita Wilczek

Internet: www.haenssler.de
E-Mail: info@haenssler.de

Umschlaggestaltung: Ingo C. Riecker
Titelbilder: Stefan von Stengel
Bilder im Innenteil: S. 9, 10, 11, 221 – Bernhard Langer;
S. 35, 39, 66, 141 – Phil Sheldon; S. 92 – Stuart Weir

Satz: BuchHaus Gigler GmbH, München
Druck und Bindung: Ebner & Spiegel, Ulm
Printed in Germany

Inhalt

Kindheit und Jugend	7
Golfspielen als Beruf	21
Erste Erfolge	31
Herausforderung auf der Weltbühne	43
Die US Masters 1985	59
Die Major-Siege	75
Der Ryder Cup	83
Probleme beim Putten	107
Erfolg und Verzweiflung Ende der 80er Jahre	115
Anfang der 90er Jahre	123
Ein denkwürdiger Ostersonntag	137
Entwicklungen im Spiel	143
Erfolg mit einem langen Griff	153
Payne Stewart	167
Geld – die »Wurzel allen Übels«?	171
Umzug in die USA	183
Was hält mich in Schwung?	187
Große Golfspieler	203
Von der Saison 2001 bis heute	211
Die Zukunft	219
Bernhard Langer – Turnier-Ergebnisse	223

Kindheit und Jugend

Meine Lebensgeschichte beginnt in Anhausen, einem kleinen Ort in der Nähe von Augsburg in Süddeutschland. Am 27. August 1957 wurde ich dort als drittes Kind der Familie Langer geboren. Wie es dazu kam, dass die Familie Langer sich gerade in Anhausen niederließ, ist eine Geschichte für sich.

Mein Vater Erwin saß im September 1945 mit einer Gruppe anderer Kriegsgefangener in einem Zug in Richtung Sibirien. Irgendwo auf der Strecke geriet der Zug ins Stocken und blieb stehen. Erwin fror, hatte Angst, war hungrig. Wie weit der Zug gekommen war, wusste er nicht.

Die französischen Soldaten, die den Gefangenentransport überwachten, nahmen ihre Aufgabe nicht so ernst, wie es von ihnen erwartet wurde – zum Glück, denn daraus ergab sich für die Gefangenen die Möglichkeit zur Flucht. Erwin jedenfalls beschloss zusammen mit einigen anderen Männern, bei der nächsten Gelegenheit sein Schicksal selbst in die Hand zu nehmen. Kurz vor der tschechischen Grenze, als der Zug an einem Hang nur mühsam vorwärts kam, sprangen sie ab und flohen in die Dunkelheit. Fieberhaft suchten sie nach Deckung, während die Soldaten aus dem Zug auf sie schossen. Die Kugeln aber gingen ins Leere, die Männer konnten entkommen.

Die geglückte Flucht war nur der Auftakt einer Zeit, in der es allein darum ging zu überleben, ohne wieder in Gefangenschaft zu geraten. Mit Gelegenheitsarbeiten auf Bauernhöfen in der Region erarbeitete er sich zumindest das Nötigste zum Leben.

Die Landwirtschaft war meinem Vater keineswegs neu: Seine Familie hatte einen Bauernhof im Sudetenland bewirtschaftet, einer deutschsprachigen Region, die später für etwa einhundert Jahre ein Teil der Tschechoslowakei wurde. Aller Wahrscheinlichkeit nach hätte mein Vater wohl sein ganzes Leben auf eben diesem Hof verbracht, wäre nicht der Zweite Weltkrieg ausgebrochen. 1938 wurde er in das deutsche Heer einberufen, geriet 1945 in Gefangenschaft und wurde in einem Lager festgehalten, bis man ihn schließlich in den besagten Zug verfrachtete.

Im April 1946 schrieb er einen Brief an seine Eltern, in dem er erzählte, was mit ihm geschehen war und wo er sich befand. Einige Wochen später kam die Antwort: Es herrschten harte Zeiten und die Russen hatten den Bauernhof der Familie ohne Entschädigung enteignet. Sie rieten Erwin, in Deutschland zu bleiben. Einige Monate später erfuhr er von seinen Eltern, dass es auch sie an einen anderen Ort verschlagen hatte: Der Ort hieß Anhausen, ein kleines Dorf, in dem Erwin im September 1946 mit seinen Eltern wieder zusammentraf.

Erwin Langer wurde Maurer. Arbeit fand sich beim Hausbau in der Umgebung. Im folgenden Jahr lernte er die junge Walburga – oder Walli – kennen, die aus der Anhausener Umgebung stammte. 1949 heirateten sie und bekamen ein paar Jahre später das erste Kind, einen Sohn, den sie ebenfalls Erwin nannten. Zwei Jahre später folgte meine Schwester Maria, drei Jahre später schließlich ich.

Ich hatte eine glückliche Kindheit, großartige Eltern und ein schönes Zuhause. Trotzdem: Meine Eltern hatten es nicht eben leicht, das Geld war immer knapp. Ein Auto zum Beispiel war nie ein Thema. Ich bekam kein Taschengeld und musste die gebrauchten Sachen meines Bruders tragen.

Mein Vater arbeitete hart für unseren Lebensunterhalt und meine Mutter stockte mit Gelegenheitsarbeiten das Familienbudget ab und an ein wenig auf. Obwohl wir ausgesprochen bescheiden lebten, habe ich materiell nichts vermisst. Mit den Freunden zu spielen, draußen in der Natur zu sein, das war alles, was ich zum Glücklichsein gebraucht habe.

Bernhard Langer mit seinen Geschwistern Erwin und Maria, Weihnachten 1960.

Über seine Kriegserlebnisse hat mein Vater nie gerne gesprochen, erzählte von ihnen nur, wenn er darauf angesprochen wurde. Er besaß zweifellos außerordentliche Charakterstärke und Entschlossenheit. Etwas von diesen Eigenschaften habe ich wohl von ihm geerbt. Zum Glück, denn sie haben mir geholfen durchzuhalten, als meine Chancen auf eine erfolgreiche Golferkarriere nicht die besten waren.

Ich hatte das Glück, in einer gläubigen Familie aufzuwachsen. Meine Eltern glaubten an Gott und ich ging nicht nur jeden Sonntag, sondern täglich zur Kirche. Mit sieben Jahren war ich Messdiener. Es war die Zeit, in der das eigentliche Fundament für meinen späteren christlichen Glauben gelegt wurde. An Gott habe ich mein ganzes Leben geglaubt.

Ich hielt mich an die Gebote und war sehr fromm, erkannte aber nicht, dass ich eine persönliche Beziehung zu Gott aufbauen musste. Mit »fromm« meine ich, dass ich versuchte, alle Christenpflichten zu erfüllen: Sei es, dass ich freitags kein Fleisch aß, möglichst oft die Messe besuchte oder zur Beichte ging. All das war gut, aber es bringt uns – wie die Bibel sagt – nicht in den Himmel.

Es gelang meinen Eltern, unsere Familie mit dem Nötigsten zu versorgen, aber Luxus kannten wir kaum. Dass ich trotz dieser bescheidenen Lebensumstände ausgerechnet eine Golferkarriere einschlug, klingt seltsam, ist aber eben gerade auf den dauernden Geldmangel zurückzuführen. Unser Taschengeld nämlich mussten wir Langer-Kinder selbst verdienen. Meine

Meine Erstkommunion 1966.

Sommer 1967 – Caddies im Golf-Club Augsburg, von rechts Erwin und Bernhard Langer.

Geschwister, Erwin und Maria, waren mir in dieser Beziehung natürlich ein bisschen voraus und stellten eines Tages fest, dass man im Augsburger Golfclub als Caddie Geld verdienen konnte.

Mit achteinhalb Jahren folgte ich meinem Bruder Erwin in den Golfclub, der acht Kilometer entfernt im Dorf Burgwalden lag. Ganz der erfahrene Caddie wies Erwin mich lange und ausführlich in meine Aufgaben ein – zeigte mir, was ich tun und lassen sollte. Erwin hatte dem Club versichert, dass ich mich im Golfspiel gut auskannte und mit den Pflichten eines Caddies vertraut war. Es war üblich, dass wir am Caddiestand warteten, bis ein Mitglied kam und einen Caddie verlangte. An diesem Tag erlebte ich einen dieser glücklichen Wendepunkte im Leben, die sich ergeben, weil man einfach zur rechten Zeit am richtigen Ort ist.

Der Erste, der nach einem Caddie fragte, war Manfred Seidel, der – wie ich feststellen sollte – Clubmeister war und Handicap 3 hatte. Er hatte viel Geduld mit mir, denn ich bin sicher, dass ich an diesem ersten Tag einiges falsch machte. Erwins Beteuerungen, dass ich gründliche Golfkenntnisse besäße, hatten mit der Realität eher wenig zu tun! Manfred war mit meinen Leistungen aber zufrieden genug, um mich wieder als Caddie zu holen, und so nahm meine Verbindung zum Golfspiel ihren Lauf. Die 2,50 Mark, die er mir am Ende der Runde gab, bedeuteten mir wahrscheinlich mehr als alle Siegerschecks, die ich bis heute erhalten habe.

Für Erwin waren die Caddie-Dienste eine reine Verdienstquelle, ich aber geriet schon bald in den Bann des Golfspiels. Ich beobachtete die Spieler genau und versuchte, so viel wie möglich über das Spiel zu lernen. Die Schule endete am frühen Nachmittag, und sobald ich freihatte, radelte ich zum Golfclub und verdrückte unterwegs rasch einen Apfel und ein Butterbrot. An den Wochenenden verbrachte ich fast den ganzen Tag auf dem Golfplatz.

In den Sommerferien campierte ich manchmal in der Nähe des Platzes, um mir die acht Kilometer lange Hin- und Rückfahrt zu ersparen. Als Caddie war ich jedenfalls ziemlich erfolgreich, hatte bald den Ruf, jeden Ball meines jeweiligen Arbeitgebers wieder zu finden, und handelte mir damit den Spitznamen »Adlerauge« ein. Als ich älter wurde, verdoppelte ich manchmal meine Einnahmen, indem ich die Golftasche eines Spielers trug und gleichzeitig den Caddiewagen eines anderen schob oder indem ich einen Caddiewagen zog und einen anderen vor mir her schob. Es gab acht Jungen aus unserem Ort, die regelmäßig als Caddies arbeiteten. Drei von ihnen wurden Berufsgolfspieler.

Mir gefiel es, etwas Geld für mich selbst ausgeben und den Rest sparen zu können. Aber der Wunsch, es selbst einmal mit dem Golfspielen zu versuchen, wurde mit der Zeit immer größer, wenn ich den Mitgliedern beim Golfen zusah. Als Caddie durfte ich die Driving Range benutzen, solange ich die Clubmitglieder nicht störte. Die Caddies besaßen eine Sammlung überzähliger Schläger, die ihnen von Mitgliedern überlassen worden waren. Ich verbrachte viele Stunden auf der Range, um festzustellen, was ich selbst leisten konnte.

Golf war damals nicht gerade »cool«, weshalb meine Verkündung, ich wolle einmal Golfspieler werden, bei den Mitschülern in großem Gelächter endete. Sie hatten noch nie gehört, dass jemand direkt nach der Schule Berufsgolfspieler wurde. Die Vorstellung war einfach zu absurd, dass ich als Sohn eines Maurers in einen Sport einsteigen wollte, der in Deutschland damals – und zum großen Teil noch heute – ein Sport der Reichen war.

Eines der Clubmitglieder gab uns vier alte Schläger, die alle Caddies gemeinsam benutzten. Es gab ein Holz 2, ein Eisen 3, ein Eisen 7 und einen Putter mit gebogenem Schaft. Vielleicht ist das die Erklärung für alle meine Probleme beim Putten!

Da für alle kürzeren Schläge allein das Eisen 7 zur Verfügung stand, musste ich improvisieren. Das Eisen 7 wurde zur Allerweltswaffe fürs Chippen, Pitchen und die Bunkerschläge. Dass ich lernte, all diese Schläge mit einem Eisen 7 zu machen, scheint für das Turniergolf, wo maßgeschneiderte Sets längst Standard sind, wenig Relevanz zu besitzen. Aber ich bin überzeugt, dass ich im Verlauf meiner Karriere sehr von dieser Erfahrung profitiert habe. Die Fähigkeit, auch unter schwierigen Umständen gut zu driven oder nah an die Fahne zu schlagen, ist mir in meiner Karriere immer hilfreich gewesen.

Wer als Caddie im Augsburger Golfclub auf den Platz wollte, musste bestimmte Bedingungen erfüllen. Dazu gehörte die Fähigkeit, das Spiel und die Etikette zu einem gewissen Grad zu beherrschen, sowie die positive Beurteilung durch einen Pro. Drei Monate, nachdem ich den Golfplatz zum ersten Mal betreten hatte, und einige Monate vor meinem neunten Geburtstag nahm ich allen Mut zusammen und bat den Clubpro – Sooky Maharaj aus Trinidad – mich zu beurteilen. Er sagte, ich solle am nächsten Morgen zu ihm auf die Driving Range kommen. Nachdem ich etwa zehn Bälle geschlagen hatte, meinte er, es sähe ganz so aus, als könnte ich den Platz benutzen, ohne ihn allzu sehr zu zerhacken.

Das erste Turnier, an dem ich je teilnahm, war die jährliche Caddie-Meisterschaft. Ich machte meine Sache gut, ohne jedoch zu gewinnen. Immerhin brachte ich es in den folgenden Jahren ein paar Mal auf einen Platz unter den ersten drei. Mit vierzehn Jahren rechnete ich mir Chancen auf den Sieg aus, spielte eine 73er Runde, nur um dann mit einem Schlag Abstand auf den zweiten Platz verwiesen zu werden.

Die 73er Runde aber zeigt, welche Fortschritte ich in meinen sechs Jahren im Club gemacht hatte. Eine Trainerstunde hatte ich in all den Jahren nie, die einzige Lernhilfe war die Kopie einer Achter-Fotosequenz von Jack Nicklaus' Schwungablauf, die in der Caddiewagen-Halle aufgehängt worden war. Ich versuchte, diese Sequenz auswendig zu lernen und auf der Driving Range und den Fairways in die Praxis umzusetzen. Allerdings bin ich nicht sicher, ob Jack seinen Schwungablauf beim Anblick des ambitionierten Teenagers wieder erkannt hätte.

Nach vier Jahren als Caddie hatte ich genug Geld für mein erstes Schläger-Set gespart: Es waren Kroydons – und sie waren mein ganzer Stolz! Poliert und geputzt habe ich sie auf jeden Fall, als wären es Gold und Diamanten.

Meine golferischen Ambitionen und meine Schullaufbahn waren nicht sonderlich gut vereinbar. Zuerst besuchte ich die Grundschule in Anhausen, in der vier Jahrgänge in einem Klassenzimmer unterrichtet wurden. Nach dem fünften Schuljahr beschlossen meine Eltern, mich auf ein Gymnasium zu schicken, wo ich den ganzen Tag lernen musste, damit ich dieselben Chancen hätte wie mein Bruder und meine Schwester. Da wurde mein Hang zum Golfspiel endgültig zum Hindernis – in Englisch und Mathematik schrieb ich absichtlich schlechte Noten, um die »Probezeit« nicht zu überstehen und schnell wieder an die

Anhausener Schule versetzt zu werden. Auf diese Weise konnte ich wieder jeden Nachmittag zum Golfplatz gehen. Schon damals wusste ich, wo meine Prioritäten lagen!

Mit vierzehn Jahren war das Ende meiner Schulzeit in Sicht. Die Entscheidung über mein zukünftiges Leben stand an. Für mich war sie relativ einfach, weil ich regelrecht golfversessen war und nur eines wollte: weiter Golf spielen. Das wäre bei der Annahme eines normalen Arbeitsplatzes in Anhausen kaum möglich gewesen: Golf war damals weitgehend den Reichen vorbehalten und eine Mitgliedschaft im Club hätte ich mir niemals leisten können. Offenbar gab es nur einen einzigen Weg, beim Golf zu bleiben: Ich musste versuchen, den Golfsport zu meinem Beruf zu machen. Heute, in der Zeit von Fernsehkanälen, die sich ausschließlich dem Golfsport und den Turnierübertragungen widmen, kann man sich kaum vorstellen, dass ich Ende der 60er Jahre eigentlich wenig über dieses Spiel wusste. Golfturniere wurden nie im Fernsehen übertragen. Nur sehr selten fand ich eine Golfzeitschrift, natürlich nur in Englisch. Ich hatte von Jack Nicklaus und Arnold Palmer gehört, kannte aber sonst kaum jemanden.

Meine Eltern jedenfalls erklärten mich kurzerhand – verständlicherweise – für verrückt, als ich ihnen mitteilte, dass ich den Golfsport zu meinem Beruf machen wollte. Natürlich hatten sie an einen vernünftigen Beruf gedacht. Schließlich arbeitete mein Bruder inzwischen schon im Finanzgeschäft und meine Schwester im Hotel- und Reisebusiness. Von meiner Zukunftsidee als Golfprofi hielten sie überhaupt nichts. Sie dachten, ich würde sehr wenig verdienen, hätte nach zwei, drei Jahren womöglich gar keine Arbeit mehr.

Ihre Einschätzung änderte sich etwas, als ich in meinem letzten Sommer als Caddie genug verdiente, um mir ein neues Fahrrad für 250 Mark zu kaufen. Das beeindruckte sie und führte dazu, dass sie mich bei meinen Planungen für die Golfkarriere mehr und mehr unterstützten.

Golf war zwar meine größte, nicht aber meine einzige Leidenschaft als Teenager: Fußball war die andere. Ich spielte als Mittelstürmer für die Anhausener Mannschaft und war ein erfolgreicher Torschütze. Mit der Zeit wurde ich Fan von Bayern München – ich bin es heute noch. Als ich älter wurde, konkurrierten Golf und Fußball immer mehr um meine Zeit. Fußballspiele fanden am Samstag oder Sonntag statt, also genau an jenen Tagen, an denen ich am meisten als Caddie verdienen konnte. Wenn ich mich entscheiden musste, wählte ich immer häufiger Golf.

Als der Augenblick des Schulabgangs näher rückte, hatte die Vorstellung, im Golfsport zu arbeiten, noch nichts von ihrer Attraktivität verloren. Mein Weg zum Arbeitsamt, in der Hoffnung auf eine Einstiegshilfe, verlief aber nur wenig glücklich – und das obwohl ich voll positiver Erwartung vor dem Schreibtisch des Beamten aufkreuzte.

»Was wollen Sie tun?«, fragte er.

»Ich will Berufsgolfer werden«, erwiderte ich.

»Davon habe ich noch nie gehört«, meinte er, während er in den Nebenraum ging, um festzustellen, ob er irgendwelche Unterlagen über einen solchen Beruf finden könne.

Ich muss wohl zwanzig Minuten in seinem Büro gesessen haben, bis er schließlich – mit einem reichlich verstörten Gesichtsausdruck – zurückkam. »So etwas wie einen Berufsgolfer gibt es nicht«, sagte er. »Ich würde Ihnen dringend empfehlen, sich einen anderen Beruf zu suchen.«

Ein Mitglied des Augsburger Golfclubs fuhr regelmäßig nach München, um bei einem Profi namens Heinz Fehring im GC Strasslach Unterricht zu nehmen. Von ihm erfuhr ich, dass Heinz Fehring einen Assistenten suchte.

Mein Anruf bei diesem verlief ganz gut. Er äußerte sich ziemlich positiv am Telefon und lud mich zu einem Gespräch ein.

Meine Eltern konnte ich überreden, Fehring und auch den Präsidenten des Clubs bei dieser Gelegenheit kennen zu lernen. Das Gespräch endete gut, sie boten mir die Stelle an. Noch wichtiger war aber, dass meine Eltern beeindruckt waren. Der Club organisierte mir ein Zimmer bei einer Familie in der Nähe des Golfclubs. Meine Mutter bemerkte außerdem, dass es in der Nähe eine katholische Kirche gab, was ihre Zustimmung positiv beeinflusste. Am Ende waren meine Eltern einverstanden, dass ich die Stelle annahm und meinen Traum zu verwirklichen versuchte.

Der Vertrag, den ich unterzeichnete, galt für dreieinhalb Jahre und umfasste ein Monatsgehalt von 350 Mark im ersten, 400 Mark im zweiten und 450 Mark im letzten Jahr. Unterrichtet wurde ich von Heinz Fehring. Mit ihm spielte ich auch, wobei ich versuchte, jedes nur mögliche Detail in mich einzusaugen. Ich wurde tatsächlich Golf-Lehrling und bekam bald die Chance, mein »Handwerk« zu erlernen. Das alles fing einen Monat vor meinem 15. Geburtstag an – eigentlich viel zu früh, um das Elternhaus zu verlassen. Ein Junge an der Schwelle zur Welt des Mannes. Es gab Phasen in dieser ersten Zeit, in denen ich Heimweh hatte. Aber es war mein Traum, Golfprofi zu werden, und ich war entschlossen, es zu versuchen.

Im August 1972 war es so weit. Zuerst fiel es mir schwer, mein Zuhause zu verlassen und allein in einem gemieteten Zimmer zu leben, aber alles in allem war ich begeistert: tagsüber im Golfclub arbeiten, viel Golf spielen – das war meine Welt.

Zu Anfang bestand meine Arbeit zum großen Teil darin, im Pro-Shop zu bedienen. Ich musste einmal in der Woche die Berufsschule besuchen, um etwas über geschäftliche Dinge zu lernen. Zur Abschlussprüfung als Golfprofi gehörte auch ein Test in Englisch, weshalb ich auch Englischunterricht belegen musste.

Heinz und seinen älteren Assistenten hatte ich es aber zu verdanken, dass mir immer etwas Zeit blieb, einige Bahnen zu spielen oder wenigstens Bälle zu schlagen. Nach sechs Monaten wurde mir erlaubt, selbst Unterricht zu erteilen – etwa fünfzehn Stunden die Woche – und auf dem Golfplatz Übungsstunden abzuhalten.

Als ich mit fünfzehn Jahren meine berufliche Laufbahn einschlug, hatte ich selbst noch nie eine Unterrichtsstunde gehabt. Heinz Fehring entdeckte sofort eine Reihe von Fehlern. Mein Griff war zu fest. Ich sollte weniger Knöchel zeigen. Außerdem musste ich meine Beinarbeit verbessern, da ich mich beim Schwung um die eigene Achse drehte.

Heinz Fehring war wie ein zweiter Vater für mich. Er half mir nicht nur sehr bei meinem Golfspiel, sondern auch in meinem sonstigen Leben. Schließlich war ich das erste Mal von zu Hause fort und hatte keine Lebenserfahrung; ich wusste kaum, wie man sich in der Gesellschaft verhält. Er half mir, mich einzuleben und mich in meiner Persönlichkeit weiterzuentwickeln. Heinz war es auch, der mich mit Willi Hoffmann bekannt machte, der seit 26 Jahren mein Coach ist.

Während meiner Zeit in München spielte ich oft um Geld mit den wohlhabenderen Clubmitgliedern, die ein niedriges Handicap hatten. Einmal schlug ich vor einem solchen Match wie üblich zur Übung einige Bälle. Beim ersten Schwung machte ich einen Shank (Schaftschlag). Ich legte den zweiten Ball aufs Tee, bereitete mich auf den Schwung vor, es wurde wieder ein Shank. Es war unglaublich, aber dasselbe wiederholte sich bei allen fünfzig Probeschwüngen. Meine Verfassung am ersten Tee war dementsprechend nicht die beste. Doch mein erster Ball war perfekt mittig getroffen und hätte kaum besser sein können. Ich schaute nie zurück, spielte eine 69er Runde und gewann viel Geld. Warum wurden plötzlich alle Abschläge Shanks, und warum verschwand der Fehler so rasch wieder? Ich wünschte, ich wüsste es.

Da ich nie Amateur war, hatte ich kein offizielles Handicap. Ich würde sagen, dass ich etwa bei Handicap eins oder zwei lag, als ich Profi wurde. Mein Spiel profitierte nicht nur von Heinz' Unterricht, sondern auch von der Gelegenheit, regelmäßig auf einem guten Platz zu spielen – oft im Wettstreit mit den Mitgliedern, die ein niedriges Handicap hatten.

Gegen Ende meiner Lehre und kurz vor meinem siebzehnten Geburtstag stellte Heinz mir eine sehr interessante Frage: Wie wollte ich in meiner Golfkarriere weiter vorgehen? Wollte ich Golflehrer oder Tour-Pro werden? Dass Letzteres ein Risiko war, wusste ich. Auch konnte ich nicht einschätzen, ob ich für die Laufbahn gut genug sein würde – trotzdem habe ich ihm geantwortet, ich wolle Tour-Pro werden. Heinz bot mir jede Unterstützung an und änderte meine Pflichten, damit ich mehr Zeit zum Üben fand.

Kurz darauf wurde ich eingeladen, bei einem Clubpokal für München zu spielen. Es war ein Wettkampf zwischen vier Clubs, die jeweils durch ein Team aus Amateuren und Profis vertreten wurden. Ich trat gegen 25 der besten deutschen Profis an, und das als 16-jähriger. Geschlagen habe ich die anderen alle und am Ende die Siegesprämie kassiert – stolze 500 Mark. Das war meine erste Erfahrung im Turniergolf. Für mich war sie schon deshalb faszinierend, weil ich in zwei Tagen beträchtlich mehr verdient hatte als in einem Monat als Clubpro. Ich nahm es als gutes Omen für meinen weiteren Weg.

In diesem Jahr wurde mir mein Golden Goose Putter gestohlen. Er war ein Geschenk von einem Clubmitglied und wurde von einem anderen Clubmitglied gestohlen. Ich wusste, wer ihn hatte, konnte es aber nicht beweisen; deshalb bekam ich ihn nie zurück.

Als ich bei der ersten Runde meiner ersten Nationalen Meisterschaft den Ball auf das erste Tee setzte, war ich so nervös, dass ich kaum schwingen konnte. Ich spielte einen schrecklichen Schlag und schnitt den Ball, sodass er in die Bäume flog. Mein Spielpartner, ein sehr erfahrener deutscher Amateur, kam zu mir herüber, legte seinen Arm um mich und sagte, ich solle mich entspannen und versuchen, das Spiel zu genießen. Ich chippte seitwärts auf das Fairway, nahm dann das Eisen 8 und lochte den Ball ein! Ich weiß nicht, wer mehr gelacht hat – mein Spielpartner oder ich.

1975 fiel die endgültige Entscheidung bezüglich meiner Berufswahl: Bei der Nationalen Offenen Deutschen Meisterschaft in Köln beendete ich schlaggleich mit Gerhard König, der schon im Worldcup für Deutschland aktiv war, und einem anderen hoffnungsvollen Nachwuchsspieler, dem 22-jährigen Manfred Kessler, das Turnier und gewann anschließend das Stechen am ersten Extraloch. Ich war der jüngste Sieger in der Geschichte dieses Turniers.

Jan Brügelmann, der spätere Präsident des Deutschen Golf-Verbands, war an diesem Tag unter den Zuschauern. Heinz erzählte ihm, dass ich gerne auf der European Tour spielen würde. Jan sprach mit mir darüber, schien interessiert und forderte mich auf, Kontakt mit ihm aufzunehmen, wenn ich auf die Tour gehen wollte.

Ich rief ihn an und er bat mich zu einem Gespräch, in dessen Verlauf er mir ein Angebot machte: Er würde mir eine monatliche Summe zahlen und ich würde ihm 50 Prozent meiner Preisgelder geben. Ich war sehr dankbar und ziemlich hoffnungsvoll.

Als ich meine Lehrzeit beendet hatte und mein Pro-Diplom erhielt, beschloss ich, auf der European Tour mein Glück zu versuchen. Bis dahin hatte kein Deutscher auf der Tour irgendeinen Erfolg errungen. Ich hatte keine Ahnung, was mich erwarten würde, wie stark die Konkurrenz überhaupt sein würde.

Golfspielen als Beruf

Heute ist alles ganz einfach: Ich fliege zum Turnierort, werde von einem Fahrer mit einem schönen Wagen abgeholt, wohne in einem netten Hotel. Verglichen mit 1976, als ich meine ersten Turnierreisen machte, eine andere Welt.

Bei der Nationalen Offenen 1975 hatte ich 6000 Mark verdient, die ich in mein erstes Auto investierte: einen gelben Ford Escort, der meinen Vater übrigens davon überzeugte, dass Golfspieler vielleicht doch kein ganz so übler Beruf sei. Mein Debüt auf der European Tour fand in Portugal statt, eine kleine Weltreise in meinem Escort: Ich fuhr 2500 Kilometer nach Marbella, Spanien, fast nonstop in 25 Stunden, legte ein paar Trainingstage ein und gondelte weiter nach Portugal zur Portuguese Open.

Die damalige Tour unterschied sich von der heutigen vor allem in zwei Punkten: Zum einen gab es zwei Cuts – nach der zweiten und dritten Runde. Außerdem war nur ein Teil aller Spieler jeweils automatisch für die Turniere qualifiziert. Die 60 führenden Spieler aus der Geldrangliste des vergangenen Jahres hatten automatisch Startplätze, alle übrigen mussten sich wöchentlich qualifizieren, und zwar jeweils am Montag der Turnierwoche. Davon befreit war außerdem, wer am Wochenende zuvor bis in die letzte Runde gekommen war. Damals war die Saison viel kürzer als heute, umfasste nur etwa zwanzig bis fünfundzwanzig Turniere im Jahr.

Als ich 1976 auf die European Tour ging, hatte ich keine Vorstellung von dem, was auf mich zukommen würde. Deutsche Tourpros gab es nicht, kein Deutscher hatte jemals hier mit Erfolg gespielt. Ich agierte also auch ohne jeglichen Maßstab, an dem ich mich hätte messen können. Ich hoffte, ich würde es schaffen, aber der einzige Weg, einen Eindruck von meiner Leistungsstärke zu bekommen, war der praktische Versuch.

Mein erstes Ziel war dabei klar: Genug Geld verdienen, um finanziell zu überleben. Langfristig hoffte ich natürlich, Turniere zu gewinnen und einer der Topspieler zu werden. Allerdings war mein Reisebudget am Anfang so knapp, dass es nur für ein paar Turniere reichte. Die Konsequenz daraus bestand einfach in der Notwendigkeit, etwas Preisgeld einzuspielen, um die Tour auch fortsetzen zu können.

Vor 1976 hatte ich bereits an vier Turnieren der European Tour teilgenommen. Im Juli 1974 spielte ich bei der Swiss Open in Crans-sur-Sierre, spielte Runden von 76, 79 und verpasste den Cut um sechs Schläge. Die German Open in Krefeld im folgenden Monat war gleichermaßen erfolglos: wieder ein verpasster Cut.

1975 spielte ich bei der German Open in Bremen. Mit Runden von 75 und 78 Schlägen schaffte ich den ersten Cut; aber mit einer dritten Runde von 78 verpasste ich den Cut am dritten Tag. Außerdem spielte ich im Oktober bei der Italian Open in Monticello und scheiterte ebenfalls am Cut.

Im nächsten Jahr 1976 wollte ich eine Reihe von Turnieren hintereinander spielen. Die Premiere fand in Portugal statt, wo ich mit einer 73er Runde begann, gefolgt von einer 77 und 79, die leider für den Cut am Samstag nicht reichte. Bei der Spanish Open in La Manga wurde ebenfalls nichts aus den Preisgeldträumen, weil ich wieder vor der Schlussrunde einpacken musste.

Die trostlose Serie kam bei der Madrid Open in Puerta de Hierro zum Stillstand. Der Platz verlangte lange und gerade Abschläge vom Tee und genaue Annäherungen, was mir offenbar entgegenkam. Ich schaffte nicht nur den Cut, sondern wurde mit 79, 76, 71 und 70 Schlägen auch Fünfter – elf Schläge hinter dem Sieger Francisco Abreu. Meine Begeisterung war grenzenlos.

Drei Wochen lag mein – reichlich ahnungsloser – Einstieg in die Tour gerade einmal zurück und schon beim dritten Turnier stellte ich fest, dass ich offenbar mithalten konnte. Leider entwickelten sich dann ernste Putting-Probleme, bevor ich die Gelegenheit hatte, auf diesem Erfolg aufzubauen – aber das ist eine andere Geschichte. Der weitere Verlauf war wie gehabt – nicht erreichte Cuts, gefolgt von guten Ergebnissen und dann wieder ein versäumter Cut.

Ich schaffte den ersten, aber nicht den zweiten Cut bei der French und der Swiss Open, verfehlte aber den ersten Cut bei der Dutch Open. Bei der German Open erreichte ich mit Scores von 73, 71, 73 und 68 Platz 32, was immerhin etwas Preisgeld bedeutete.

Alles in allem waren die ersten zwei, drei Jahre auf der European Tour ziemlich hart. Ich wohnte in einigen schäbigen Unterkünften – den billigsten, die ich finden konnte. Ich sparte am Essen, konnte mir keinen Caddie leisten und hatte ganz bestimmt nicht das Geld, um von einem Land zum anderen zu fliegen, was bedeutete, dass ich endlose Stunden mit Reisen verbrachte.

Jan Brügelmann zahlte mir 2000 Mark im Monat gegen 50 Prozent meiner Gewinne. Ich war sehr dankbar dafür, aber es war eben nicht genug. Die reinen Kosten für alle vier Turniere in einem Monat lagen bei 2500 Mark. Erst gegen Ende des Jahres konnte ich meine Kosten decken. Zusätzlich zu den £ 2130 an offiziellen Preisgeldern hatte ich in Deutschland etwas Geld verdient. Bei der Nationalen Offenen in Nürnberg wurde ich Zweiter, bekam aber trotzdem das Preisgeld für den Ersten, weil der Sieger als Amateur kein Preisgeld annehmen durfte. Es waren immerhin 6000 Mark. Der Sieg bei einem Pro-Am in Ratingen brachte noch einmal 5000 Mark, die durch Erfolge bei einigen anderen Pro-Ams aufgestockt wurden. Zu dieser Zeit war klar, dass ich Deutschlands bester Golfer war, was international aber so gut wie keine Bedeutung hatte.

Technisch betrachtet, war mein Griff damals sehr stark, mit beiden Händen nach rechts, was normalerweise die Schlagfläche schließt. Auch wenn ich sicher unorthodox spielte, gibt es durchaus auch andere – sehr erfolgreiche Spieler, die ebenfalls einen ähnlich starken Griff haben, darunter Paul Azinger, Fred Couples, David Duval oder Lee Trevino. Wer glaubt, nur die perfekte Technik führe zum Erfolg, wird unter den Profis dieser Welt ohnehin ausreichend Gegenbeispiele finden. Isao Aoki ist zweifellos eines der markantesten Gegenbeispiele. Rein theoretisch ist ein derartiger Puttergriff und ein solch ungewöhnlicher Schwung zum Misserfolg verurteilt, stattdessen hat Aoki eine ziemlich erfolgreiche Karriere hingelegt.

Was meine Technik betraf, so habe ich den Ball von Beginn an sehr gut getroffen. »Ball-Striker« nennen die Amerikaner das, was in der Praxis bedeutet, dass man den Ball sehr sauber und satt schlägt. In dieser Hinsicht war ich besser als die meisten anderen, gehörte zu den besten zehn oder zwanzig Prozent. Im kurzen Spiel und beim Putten war ich dafür irgendwo weit hinten angesiedelt. Immerhin war mir bewusst, dass ich im langen Spiel so gut war, dass ich bei einer Verbesserung im kürzeren Bereich zu den Besten aufschließen konnte. Eine Erkenntnis, die mich weiter antrieb.

Als mir Alex Hay, der BBC-Kommentator und frühere Golfdirektor in Woburn zum ersten Mal begegnete, machte er eine Bemerkung über diesen Punkt. Offenbar hatte er mich bei ein oder zwei Abschlägen beobachtet und dann in sein Notizbuch geschrieben: »Mit einem solchen Griff wird er im Spiel nicht weit kommen.« Bevor ich die Runde abgeschlossen hatte, hatte er die Notiz durchgestrichen!

Ich persönlich glaube, dass meine guten langen Schläge das Ergebnis einer guten Technik plus der richtigen Kompensation von Fehlern waren. Aber sie waren auch das Ergebnis sehr harter Arbeit. Zum Glück hat mir Üben mein Leben lang Spaß gemacht. Ich war körperlich fit und arbeitete hart an der Länge der Schläge und ihrer Kontrolle.

Mit der Zeit kam auch eine gesunde Selbsteinschätzung hinzu, die sich aus der wöchentlichen Beobachtung der erfahrenen Pros ergab. Der Wettbewerb legte meine Stärken wie Schwächen offen, aber insgesamt verlief alles positiv genug, um weiter an meinen Berufstraum zu glauben. Der Eindruck, die Zeit zu vergeuden, ist jedenfalls nie entstanden. Während mein erstes Ziel wie gesagt darin bestand, genug Geld zu verdienen, um jede Woche auf der Tour finanziell über die Runden zu bekommen, war mein zweites Ziel der Status der automatischen Qualifikation, damit ich nicht jede Woche den mühsamen Qualifikationsprozess mitmachen musste.

Immerhin hatte ich eine Reihe Cuts gemacht und ein paar Turniere in Deutschland gewonnen, die genug Geld einbrachten, um weiterzumachen. 1976 beendete ich als Neunzigster in der Order of Merit – auf den ersten Blick kein riesiger Erfolg. Für mich persönlich war es einer, weil ich mein erstes Ziel erreicht hatte: Ich war finanziell ordentlich zurechtgekommen und war offensichtlich auf dem richtigen Weg.

Schon damals war Gary Player mein Vorbild. Mir gefiel seine Einstellung zum Golf. Er war ein Fitness-Fanatiker und übungsbesessen – genau wie ich. Einmal, als Gary einen Schlag aus dem Bunker einlochte, sagte jemand: »Das war aber Glück!« Seine Antwort entsprach exakt meiner Ansicht: »Ja, ich bin ein Golfer, der Glück hat. Und wissen Sie, je mehr ich übe, desto mehr Glück habe ich.«

Player hat etwa meine Größe, was es mir leichter machte, mich mit ihm zu identifizieren und von seinem Schwung zu lernen. Bewundert habe ich Gary immer sehr, mehr als irgendeinen anderen. Wie ich hatte er einen eher flachen Schwung. Den steilen, aufrechten Nicklaus-Schwung nachzuahmen, der als Bildsequenz in der Caddy-Halle in Augsburg gehangen hatte, ist mir nie wirklich gelungen. Zu mir passte er einfach nicht.

1976 hatte ich mich gerade zum ersten Mal für die British Open in Royal Birkdale vorqualifiziert, als mich Gary im Umkleideraum sitzen sah und fragte, ob ich mit ihm auf die Proberunde gehen wollte. Es war wie die Erfüllung eines kleinen Traumes. Zumal er nicht nur neben mir herspielte, sondern mir zahlreiche Tipps gab, wie man an ein Major-Turnier herangehen musste und was es in Birkdale zu berücksichtigen gab. Es war eine großartige Erfahrung.

In den paar Stunden, die wir draußen auf dem Platz verbrachten, beobachtete ich überrascht, dass er ständig etwas Neues ausprobierte und infolgedessen die Bälle in alle möglichen Richtungen schlug. Sein Golf war schrecklich. Er sah aus, als wüsste er gar nicht, was er tat – aber bei der British Open war er bis zum Schlusstag dabei. Mich hat das ziemlich beeindruckt.

1976 habe ich auch meine erste Matchplay-Erfahrung gemacht, als ich für das europäische Team im Hennessey Cup in Lille gegen Großbritannien spielte. Unter Amateuren sind Matchplay-Turniere ja eigentlich nichts Ungewöhnliches – nur war ich eben nie Amateur gewesen, sondern zuerst Caddie und dann sofort Pro. Leider war mein Putten so grauenvoll, dass ich nur einmal zum Einsatz kam. Anders als beim Ryder Cup spielten nicht alle Spieler die Einzel und ich musste aussetzen. Ich kam nur im Vierball-Bestball zum Zuge und verlor mit meinem Partner, was letzendlich zu einem Sieg von Großbritannien gegen Irland mit 20–10 führte.

Eigentlich hätte ich mich 1977 wohl darauf konzentriert, auf den Leistungen des Vorjahres aufzubauen. Tatsächlich fand das Golfjahr 1977 mehr oder minder ohne meine Beteiligung statt, weil ich zur Luftwaffe einberufen wurde. Mein Wehrdienst begann am 1. Januar, meine Golfkarriere war damit erst einmal auf Eis gelegt. In der Luftwaffe zu dienen, entsprach überhaupt nicht meinen Wünschen, aber ich hatte natürlich keine Wahl.

Meine Stimmung erreichte ihren Tiefpunkt, als ich eine Übung mitmachen musste, zu der ein 15-Kilometer-Marsch in eisiger Kälte mit einem schweren Rucksack gehörte. Irgendwann legten wir einen Halt ein, um etwas zu essen. Dabei wurde uns mitgeteilt, dass gerade ein feindliches Flugzeug über uns hinwegfliege – weshalb wir uns flach auf den Boden werfen mussten. Das Ganze haben wir wohl fünfzig Mal wiederholt. Meinem Rücken hat das wirklich nicht gut getan, vor allem, weil ich auch noch den schweren Rucksack zu tragen hatte. Den Marsch mussten wir natürlich auch zu Ende bringen. Am gleichen Abend hatte ich nur Schmerzen, aber am nächsten Morgen konnte ich nicht einmal mehr aufstehen. Das Ende vom Lied war ein zweieinhalbwöchiger Aufenthalt im Krankenhaus, der mich vor allem deshalb frustrierte, weil ich der festen Meinung war, meine Karriere wäre beendet, bevor sie so richtig angefangen hatte.

Glücklicherweise wurde ich kurz danach in eine Sportkompanie versetzt, wo die körperlichen Belastungen weniger extrem ausfielen und man sich mehr an den Bedürfnissen von Spitzensportlern orientierte. Zumindest einen Teil meiner Zeit durfte ich auf mein Golftraining verwenden. Trotzdem ist mir der unheilvolle Marsch immer noch gut in Erinnerung – schon deshalb weil ich im Verlauf meiner Karriere immer wieder Rückenprobleme hatte, möglicherweise als Folge jener Bundeswehrübung.

Zeit für Turniere blieb 1977 dabei kaum: Ich spielte fünf Turniere der European Tour und verdiente zweimal etwas Geld, für die automatische Qualifikation reichte es natürlich bei weitem nicht. Bei der Swiss Open begann ich zwar mit einer guten 68er Runde, rutschte dann aber auf den 39. Rang ab. Bei der German Open verpasste ich den Cut, wurde dafür aber Zwanzigster bei der Tournament Players Championship in Foxhills. Bei der Dutch Open schaffte ich den Cut und erreichte Platz 51 – Preisgeld gab es bedauerlicherweise nur bis zum 50. Platz.

Ein wirkliches Tief – zumindest was das Putten anbelangt, machte ich bei der Nationalen Offenen mit. Mein Rundendurchschnitt lag bei vierzig Putts. Am ersten Spieltag brachte ich das Kunststück fertig, an Loch 2 mit der Annäherung 1,80 Meter an die Fahne zu schlagen, um in der Folge vier Putts zu benötigen. Der erste war viel zu fest getroffen, sodass es ein Doppelschlag wurde. Der Ball endete weniger als 30 Zentimeter vor dem Loch, aber auch der nächste Versuch ging daneben.

1978 spielte ich wieder eine volle Saison mit 16 Turnieren und beendete das Jahr mit £ 7 006 als Vierzigster der Geldrangliste. Es war eine Saison, in der ich mich ständig steigern konnte. Der Start war schwach mit verpassten Cuts bei der Portuguese und Spanish Open, bei der Madrid Open wurde es immerhin schon Rang 46. Es folgten verpasste Cuts bei der French und der Martini Open, gefolgt von einem kurzen Zwischenhoch, der Belgian Open. Dort kam ich auf Rang 23, verfehlte dann aber drei weitere Cuts, darunter bei der German Open.

Nach diesem schlechten Saisonstart – ich hatte neun Turniere gespielt und nur zwei Cuts geschafft – konnte es ohnehin nur besser werden. Tatsächlich schaffte ich bei den verbleibenden sechs Turnieren fünfmal den Cut und holte viermal Preisgeldschecks von über £ 1 000. Bei der Benson and Hedges International Open in Fulford wurde ich Siebter mit vier Schlägen Rückstand hinter Lee Trevino; ebenfalls Siebter bei der Tournament Players Championship mit sechs Schlägen hinter Brian Waites und schließlich Achter bei der Irish Open in Portmarnock mit vier Schlägen hinter Ken Brown.

Ein Highlight dieser Saison in Sachen Preisgeld war die European Open in Walton Heath, die ich auf Platz 20 beendete. Der Sieger, Bobby Wadkins, holte £ 18 000. Nur zum Vergleich: Jack Nicklaus bekam als Gewinner der British Open im gleichen Jahr nur £ 12 500 – und das bei einem Major. Für meinen 20. Platz bekam ich auf jeden Fall noch mehr als £ 1 000 Preisgeld!

Bei der British Open hatte auch ich in diesem Jahr gespielt, sie fand auf dem Old Course von St. Andrews statt. Mit Scores von 78 und 73 verfehlte ich den Cut um drei Schläge, Johnny

Miller war gerade mal einen Schlag besser. Der aber hatte 1976 die British Open gewonnen – für mich zur rechten Zeit Erinnerung daran, dass beim Golfsport weder der Name noch der Ruf einer Person eine Rolle spielen.

Außerdem nahm ich an der Cacharel World Under 25 Championship teil und wurde Elfter. Daneben vertrat ich Deutschland beim World Cup auf Hawaii, wo das amerikanische Team mit John Mahaffey und Andy North gewann.

Für mich sehr erfreulich war die erneute Teilnahme am Hennessey Cup, diesmal in The Belfry. Der ganze Turnierverlauf war um ein Vielfaches positiver, weil ich öfter zum Einsatz kam als 1976 und auch das Endergebnis knapper ausfiel. Großbritannien/Irland gewann zwar wieder – diesmal aber nur mit 17,5 : 14,5. Manúel Piñero und ich schlugen Mark James und Howard Clark im Vierball-Bestball, verloren aber gegen Nick Faldo und John O'Leary im Klassischen Vierer. Mein Einzel gegen Bernard Gallacher verlief denkbar knapp, gewinnen konnte ich auf dem 18. Grün.

Erfreulicher Nebeneffekt der Teilnahme an diesem prestigeträchtigen Teamwettbewerb: Die zwölf Spieler jedes der beiden Teams erhielten eine automatische Qualifikation für die European Tour über zwei Jahre. Mein zweites Ziel war erreicht: Für 1979 und 1980 hatte ich mir die automatische Teilnahme an allen Turnieren erkämpft, die lästige Montags-Qualifikation war ich los.

Erste Erfolge

1979 war ein einziges Auf und Ab. Die Cuts schaffte ich beständiger als je zuvor – an einen Sieg aber war nie zu denken. Bei zwölf von vierzehn Turnieren war ich am Sonntag noch im Rennen, endete aber meist auf den Rängen 30 bis 40, sodass ich am Ende in der Geldrangliste sogar auf den 56. Platz abgefallen war, obwohl ich mehr Preisgelder als im Vorjahr gewonnen hatte.

Meine beste Leistung auf der Tour war der 5. Platz bei der Swiss Open. Erwähnenswert ist auch der 2. Rang in der Einzelwertung im Weltcup in Griechenland hinter Hale Irwin, bei dem die Amerikaner als Mannschaft ihren Titel verteidigten.

Letztendlich aber kam der Wendepunkt der Saison während der vier Turniertage in Frankreich, wo ich die Cacharel World Under 25 Championship in Nîmes mit einem Vorsprung von siebzehn Schlägen gewann. Das war ein Rekord für ein Profiturnier, der die bisherige Bestleistung von Bobby Locke beim Chicago Victory National 1948 (16 Schläge Vorsprung) unterbot. Ich spielte Runden von 73, 67, 67 und 67 und verwies Spieler wie Nick Faldo auf die Plätze. Gestartet war ich in dieses Turnier mit einem Minimum an Selbstvertrauen, was meine Putts anbelangt. Schwarzmalerei, wie sich herausstellen sollte – ich lochte so ziemlich alles, was es zu lochen gab.

Das Turnier zählte nicht zur regulären European Tour, war aber dennoch von Bedeutung, weil ein internationales Feld in meiner Altersgruppe angetreten und mein Vorsprung einfach exorbitant war. Für mich war es der Beweis dafür, dass ich jeden Spieler meines Alters in der Welt schlagen konnte – vorausgesetzt, mein Spiel fügte sich zu einem Guss zusammen. Schließlich hatte ich ja nicht nur um Haaresbreite gewonnen, sondern mit einem deutlichen Abstand. Es war ein weiterer, wesentlicher Schritt in der Phase der Selbsteinschätzung. Dass ich in Deutschland gewinnen konnte, war mir schon vorher bewusst gewesen, dies aber war mein erster Erfolg auf internationaler Bühne.

Mit entsprechend neuem Selbstvertrauen ging ich an das Jahr 1980 heran. Im Winter spielte ich auf der South American Tour fünf Turniere, bei denen ich jedes Mal eine Top-5-Platzierung erreichte und am Ende die Geldrangliste anführte.

Auf der European Tour aber blieb erst einmal alles beim Alten: Bei den ersten fünfzehn Turnieren schaffte ich dreizehn Cuts, endete aber nur einmal unter den ersten zehn; meine Puttstatistik war nicht gerade berauschend. Der fünfte Rang bei der European Open blieb die einzige Top-Ten-Platzierung.

Im September spielte ich beim Hennessey Cup in Sunningdale. Wieder verlor Europa, diesmal 13,5 : 16,5. Für mich persönlich verlief die Woche ganz gut. Mit Antonio Garrido als Spielpartner gewann ich zwei Vierer. In den drei Einzeln, jeweils eins pro Tag, gewann ich gegen Eddie Polland mit vier und drei sowie gegen Sam Torrance mit fünf und vier, verlor aber gegen Mark James am 18. Loch trotz vier Birdies.

Wirklich wichtig aber war in dieser Woche für mich Folgendes: Ich stand auf dem Putting-Grün, als Seve (Severiano Ballesteros) meinen Putter nahm, ihn ausprobierte und ihn mir mit den Worten zurückgab: »Ein schrecklicher Putter.«

Ich sagte: »Was meinst du damit: ›ein schrecklicher Putter‹? Ich spiele ihn schon das ganze Jahr.«

Er antwortete: »Zu leicht und zu wenig Loft.«

Zu diesem Zeitpunkt war Seve der beste Golfspieler in Europa; deshalb nahm ich seine Worte sehr ernst.

Ich ging in den Pro-Shop, sagte, dass ich einen neuen Putter suchte und sah mir alle Modelle im Laden an, darunter auch die gebrauchten. Einen der alten nahm ich zur Hand und fragte nach dem Preis. Der Pro wollte fünf Pfund dafür und erklärte, der Schläger habe einer alten Dame gehört, die ihn einfach loswerden wollte. Es war ein Acushnet Bull's Eye, ein Damenputter, bei dem der Schaft genau in der Mitte des Schlägerkopfes angebracht war. Ich lieh ihn mir aus, probierte einige Putts und kaufte ihn. Das Ergebnis an den nächsten drei Turniertagen war eine dramatische Verbesserung. Die fünf Pfund waren gut angelegt. Danke, Seve!

Die nächsten drei Turniere brachten die Wende in diesem Jahr. Die Tournament Players Championship, bei der ich zum ersten Mal mit dem neuen Putter antrat, beendete ich auf Rang zwei, drei Schläge hinter Bernard Gallacher. Die Abfolge der Scores von 71, 64, 71 und 65 war ein klein wenig merkwürdig.

In der folgenden Woche wurde ich Fünfter bei der Bob Hope British Classic. Dem Sieg, das spürte ich, rückte ich näher und näher – wer als Zweiter abschließt, ist nicht weit davon entfernt. Wenn man das erste Mal um den Sieg kämpft, verpfuscht man die Schläge meist, weil man nicht an den Druck gewöhnt ist. Das galt auch für mich, aber ich arbeitete mich immer näher heran und lernte. In dieser Woche jedenfalls zahlte ich noch Lehrgeld. Nach Runden von 66, 67 und 67 Schlägen lag ich auf dem zweiten Rang, büßte mit einer 71-Runde aber einige Plätze ein.

Das nächste Turnier – und auch das letzte in diesem Jahr – war die Dunlop Masters in St. Pierre, Chepstow, in Wales. Als Favoriten wurden Sandy Lyle und Greg Norman gehandelt, die auf der European Tour um den Spitzenplatz der Geldrangliste kämpften. Der Amerikaner, Hubert Green, machte derartigen Spekulationen aber durch eine 67er Auftaktrunde ein jähes Ende, kam dann allerdings mit einer 77 ins Schlingern. Ich selbst begann mit einer 70 und ging dann mit einer 65 in Führung. Das war eine bemerkenswerte Runde – ich spielte elfmal die Vier und siebenmal die Drei. Einundvierzig Löcher des Turniers absolvierte ich in Par oder besser, kein einziges Bogey trübte die Bilanz.

Eine dritte Runde mit 67 sicherte meine Führung. Am letzten Tag spielte ich zusammen mit Brian Barnes, einem der etablierten Spieler auf der European Tour. Ich erinnere mich noch, wie ich dachte: »Ich möchte unbedingt gewinnen.« Ich kämpfte um den Sieg und war sehr nervös. Ein Turniersieg bei der European Tour, das war mir völlig klar, bedeutete das Erreichen eines neuen Levels, würde mir alle möglichen Türen öffnen.

Als der Sieg tatsächlich da war, kam ziemliche Erleichterung und ein angenehmes Glücksgefühl über mich. Ich hatte eine gute 68er Runde an diesem Sonntag gespielt, die meisten Fairways getroffen und mit dem »neuen« Putter ordentlich geputtet. Mein Putt-Durchschnitt pro Runde lag am Ende des Turniers bei 27. Mein erster Sieg trug jedenfalls stark dazu bei, dass ich die Saison auf dem neunten Rang der Geldrangliste beendete.

Meine ohnehin gute Stimmung erfuhr noch einen weiteren positiven Schub, als ich am Ende des Jahres auch noch die Columbian Open auf der Südamerika-Tour gewann. Es war nicht das bedeutendste Turnier der Welt, aber es war ein weiterer Schritt auf dem Weg zum Ziel.

In der Folge wurde ich eingeladen, ein Turnier in Brasilien zu spielen. Aber da der erste Preis nur mit $ 8 000 dotiert war, hätte ich trotz eines guten Ergebnisses vielleicht nicht einmal meine Kosten gedeckt. Die Organisatoren wollten mich aber unbedingt dabei haben und boten mir zusätzlich die Erstattung der Kosten für den Flug und das Hotel an. Das war wohl meine erste Erfahrung mit dem Thema Antrittsgeld.

Das folgende Jahr, 1981, bedeutete für mich den eigentlichen Durchbruch. Ich gewann die europäische Geldrangliste, wurde Zweiter bei der British Open und gewann meine erste German Open. Niemand hätte je gedacht, dass ein Deutscher das schaffen würde. Wir haben gute Fußballspieler, große Tennisstars und gute Skifahrer, aber Golfer? Niemals!

Ich spielte 17 offizielle europäische Turniere und gewann zweimal; elfmal kam ich unter die ersten fünf und bei insgesamt 14 der 17 Turniere landete ich unter den Top Ten. Keine Frage, es war ein großartiges Jahr. Ein wenig enttäuscht war ich allein darüber, dass ich sechsmal auf dem zweiten Platz gelandet war, weil ich einige dieser Turniere ohne weiteres hätte gewinnen können. Ein Zeichen dafür, welch eine Vorwärtsentwicklung die European Tour inzwischen durchgemacht hat, ist die Tatsache, dass ich als Spitzenreiter der Geldrangliste insgesamt nur £ 81 000 gewonnen hatte. Zehn Jahre später konnte man für den zweiten oder dritten Platz bei einem einzigen Turnier £ 80 000 bekommen.

Wirklich wichtig war in diesem Jahr der Sieg bei der German Open für mich – das war in der siebzigjährigen Turniergeschichte bisher keinem Deutschen gelungen. Mir bedeutet es auch viel, in meinem eigenen Land zu gewinnen. Gleichzeitig

Dieser Putt gelang: Bernhard Langer bei der British Open in Royal St. Georges 1981.

war ein Turnier zu Hause aber auch mit besonders viel Druck für mich verbunden – da waren so viele Freunde und Verwandte, die auf meinen Sieg hofften, die ich nicht enttäuschen wollte. Mein Bruder nahm sich sogar eine Woche Urlaub und unterstützte mich als Caddie. Mir ist wichtig, dass ich meine Sache gut mache und mich durch die Anwesenheit meiner Freunde nicht ablenken lasse. Schließlich ging ich nach Runden von 67, 69 und 64 Schlägen mit einer ordentlichen Führung in die Schlussrunde und konnte mit 72 Schlägen um einen Schlag vor Tony Jacklin gewinnen, der eine 67 spielte.

Ich kann eigentlich nicht erklären, warum ich in Deutschland bis heute so viele Erfolge hatte. Die Leute sagen mir: »Offenbar versuchst du es hier noch viel mehr als sonst.« Das ist wahr, aber ich versuche eigentlich bei jedem Turnier mein Bestes zu geben. Ich weiß nicht, ob es mit der Tatsache zu tun hat, dass mich in Deutschland mehr Leute begleiten und mich siegen sehen wollen als in anderen Ländern. Aber das erklärt die Sache auch nicht wirklich, denn auch in England und anderen Ländern habe ich viele Fans. Keine Frage, ich fühle mich rundum wohl in Deutschland, lebe aber auch sehr lange schon in Amerika, wo es mir ebenfalls gut gefällt.

Glücklicherweise fühle ich mich in den meisten Ländern ganz wohl. Ich mag all die vielen verschiedenen Nahrungsmittel, habe nie Schwierigkeiten mit landestypischen Gerichten, wenn ich reise. In England behagen mir die Duschen nicht, aber das hindert mich ja nicht daran, dort zu spielen! In Deutschland oder Amerika dreht man die Dusche auf und ist in zwei Sekunden nass; in England dauert es etwas länger.

Ein Unterschied bei deutschen Turnieren besteht darin, dass ich nach jeder Runde zur Pressekonferenz muss. Normalerweise reden die Journalisten nur mit den Führenden oder Spielern, die in irgendeiner Form aufgefallen sind – ich aber werde grundsätzlich interviewt, egal, ob ich nun 60 oder 80 Schläge gebraucht habe. Manchmal ärgert mich das, wenn ich einen schlechten Tag hatte. Dann denke ich: »Ich habe nur 80 geschlagen. Warum wollt ihr ausgerechnet mit mir ein Interview führen?«

Generell wird bei deutschen Turnieren meine Zeit stark in Anspruch genommen. Ich muss nicht nur eine Pressekonferenz mitmachen – so ziemlich jede Fernsehstation und jeder Radiosender im Land will ein Interview mit mir führen. Oft gehe ich von einem Termin zum nächsten. Dann habe ich vielleicht noch ein Fotoshooting, kümmere mich um meine Geschäftspartner und muss an einem gesellschaftlich wichtigen Abendessen teilnehmen. Zweifellos sind die deutschen Turniere für mich die anstrengendsten. Wenn ich in einem anderen Land spiele, erledige ich die Pressekonferenz und habe dann meistens frei. In Deutschland habe ich von morgens bis abends zu tun.

Vielleicht liegt darin das Erfolgsgeheimnis: Arbeit von morgens bis abends bis zur Erschöpfung.

Im gleichen Jahr gewann ich die Bob Hope British Classic in Moor Park mit Runden von 67, 65 und 68 und schlug Peter Oosterhuis um einen Schlag. Das Turnier wurde wegen schlechten Wetters auf 54 Spielbahnen verkürzt. Bei der British Open in Sandwich wurde ich nach Runden von 73, 67, 70 und 70 Zweiter. Nach der Hälfte hatte ich zwei Schläge Rückstand, der sich aber nach drei Runden auf fünf erhöhte. Am Ende fehlten vier Schläge zum Führenden. Ich war nie wirklich dran am Sieg, trotzdem war es ein weiterer Meilenstein für mich.

Ich hatte dreimal bei der British Open gespielt, bis dato aber nie ein gutes Ergebnis erzielt. Es war das einzige Major, an dem ich bis dahin teilgenommen hatte. Die Tatsache, dass ich bei der British Open um den Sieg spielte, bewies mir einfach, dass ich auf einem schwierigen Golfplatz mit den Besten der Welt konkurrieren konnte. Meine Zuversicht auf einen Titelgewinn bei diesem Major wuchs. Der Scheck über £ 17 500 war jedenfalls der höchste, den ich bis dahin erhalten hatte.

1981 wurde ich auf eine eher amüsante Art zu einem weltberühmten Golfspieler. Bei der Benson and Hedges International Open in Fulford zielte ich am 17. Loch mit einem Eisen 9 Richtung Grün, verzog den Ball aber nach links und traf eine große Eiche. Der Ball prallte zwei-, dreimal auf, fiel aber nicht vom Baum. Sekunden später begannen die Zuschauer zu lachen und – tatsächlich – der Ball saß in einer kleinen Astgabel in einer Höhe von vier oder fünf Metern fest!

Zu diesem Zeitpunkt kämpfte ich um den Turniersieg – am Ende sollte ich Zweiter werden. Meine einzige Sorge war, wie ich die Bahn am besten spielen konnte – um das Par oder notfalls das Bogey zu retten und nicht etwa ein Doppel-Bogey oder mehr zu kassieren. Auf dem Weg zum Grün wog ich die Möglichkeiten ab. Drei Alternativen standen zur Wahl: zurückgehen und den Ball mit einem Strafschlag neu spielen; den Ball unter dem Baum droppen, wiederum mit einem Strafschlag; oder ihn so spielen, wie er lag.

Die schlimmste Alternative war, zum Ausgangspunkt des Schlages zurückzugehen und neben dem Strafschlag auch noch den Distanzverlust zu akzeptieren. Den Ball links vom Grün zu droppen, war schon etwas besser, leider aber immer noch mit einem Strafschlag verbunden. Die beste Option, falls durchführbar, bestand eindeutig darin, den Ball von seiner jetzigen Position aus zu schlagen. Ich überdachte die drei Alternativen noch einmal, schaute mir an, wie der Ball lag, und kam zu dem Schluss, dass ich ihn vielleicht auf das Grün schlagen konnte.

Das Schwierigste war, auf den Baum zu klettern, eine gute Standposition zu finden und vor allem beim Schlagen des Balles nicht herunterzufallen! Tatsächlich bekam ich den Ball erfolgreich aufs Grün und hatte die Chance zum Par. Die Zuschauer gerieten regelrecht außer sich. Leider verfehlte ich das Loch, blieb aber wenigstens nur einen Schlag über Par.

Während meine einzige Sorge darin bestand, irgendwie das Par zu machen, wurde ich fleißig gefilmt. An diesem Loch nämlich stand eine Fernsehkamera, von denen es damals auf Golfplätzen nicht allzu viele gab, weil immer nur die letzten paar Spielbahnen im Fernsehen gezeigt wurden. Mein Schlag vom Baum fand jedenfalls weltweit Beachtung und wurde überall ausgestrahlt. Da ich noch ziemlich am Anfang meiner Karriere stand, war ich in manchen Gegenden nun eher für meine Kletteraktion als für mein Golfspiel bekannt!

Tatsächlich blieb im Lauf meiner Karriere dreimal der Ball in einem Baum hängen. Die anderen beiden Male kam ich in Kalifornien in diese reichlich vertrackte Situation, zuletzt Ende 2001.

Der berühmte Schlag vom Baum. Ich spielte ihn am 17. Grün beim Benson & Hedges International 1981 in Fulford, York.

In diesem Fall aber war der Ball definitiv nicht spielbar, es hatte überhaupt keinen Sinn, hinaufzuklettern. Es war ein Holz 3, mit dem ich den Ball auf den Baum geschlagen hatte, und der Ball blieb in einer Höhe von etwa 18 Metern stecken. Man konnte den Ball von unten sehen, aber er war unerreichbar.

Das Problem in einer solchen Situation ist, dass ich nach den Regeln in der Lage sein muss, meinen Ball zu identifizieren. Ich konnte sehen, dass es ein Titleist war, aber jeder Golfprofi markiert seinen Ball auf besondere Weise. Ich setze zwei Punkte neben die Ziffer. Der Platzrichter sagte: »Wenn Sie nicht sicher sind, dass es Ihr Ball ist, müssen Sie zurückgehen und den Schlag neu spielen.« Für mich hätte das nicht nur einen Strafschlag, sondern auch den Distanzverlust bedeutet.

Ich sagte: »Ich weiß, dass es mein Ball ist. Ich sah, wie er hinaufflog und stecken blieb.«

Er hakte nach: »Können Sie ihn identifizieren?«

Ich sagte: »Nein, aber ich weiß, dass es mein Ball ist.«

Also holten wir uns ein Fernglas von einem der Zuschauer und konnten damit die beiden Punkte auf dem Ball erkennen; so durfte ich den Ball unter dem Baum droppen. Nachdem ich den Ball für unspielbar erklärt hatte, schüttelten wir den Baum und der Ball fiel herunter.

1981 machte ich auch meine ersten Turniererfahrungen in Amerika, als ich auf eine Einladung hin bei der World Series startete. Sechs Bahnen vor Schluss lag ich noch in Führung, konnte diese aber nicht halten. Trotzdem war es eine positive Stippvisite, die mein Selbstbewusstsein stärkte. Die World Series fand kurz nach meinem Klettererlebnis bei der Benson and Hedges statt, das offenbar auch hier auf Interesse gestoßen war.

Amüsiert hörte ich jedenfalls, wie zwei Zuschauer folgendes Gespräch führten:

»Wer ist das?«

»Ist das nicht der Golfer, der auf Bäume klettert?«

»Wie heißt er noch gleich?«

»Ich glaube, Bernhard Soundso.«

»Nein, bestimmt nicht. Das ist Tarzan!«

In das Jahr 1981 fiel auch mein Debüt beim Ryder Cup – eine großartige Erfahrung für mich, doch davon später.

Herausforderung auf der Weltbühne

1981 war ich offiziell der beste Golfprofi Europas. Damit war ein weiteres meiner Ziele erreicht. Blieb die Frage, ob ich diese Position halten, eventuell sogar noch ausbauen konnte. In dieser Zeit konzentrierte ich mich völlig auf den Golfsport. Ich hatte keine Kinder, war nicht verheiratet. Es gab nur mich und meinen Beruf.

Damit Sie mich nicht missverstehen: Ich liebe meine Frau und meine Kinder mehr, als ich es in Worte fassen kann, aber es ist nicht von der Hand zu weisen, dass eine Familie viel Ablenkung bedeutet. Ich hoffe immer, dass ich das richtige Gleichgewicht finde und mich meiner Familie widmen kann, ohne dass es meiner körperlichen Fitness oder meinem Golfspiel schadet. Aber das ist ein Balanceakt, bei dem oft eine der beiden Seiten zu kurz kommt – meine Familie oder mein Golfspiel, meine Fitness oder meine Zeit mit Gott. Jeder Tag hat nur 24 Stunden und irgendwie versucht man, möglichst alles darin unterzubringen.

Inzwischen weiß ich außerdem – was mir zu meinen Anfangszeiten vielleicht nicht so bewusst war – dass gutes Spiel bei einem Turnier keine Garantie dafür ist, dass auch in der nächsten Woche alles bestens läuft. Selbstverständlich ist im Golfsport eigentlich gar nichts. Dass der Turniersieger der vergangenen Woche in der laufenden Woche den Cut verpasst oder abgeschlagen hinter dem Führenden landet, ist völlig normal.

Das liegt unter anderem darin begründet, dass wir auf unterschiedlichen Golfplätzen in verschiedenen Ländern mit anderen klimatischen Bedingungen spielen und manchmal auch unter Jetlag leiden. In der einen Woche spielen wir bei ruhigem schönen Wetter, aber schon in der nächsten Woche steht vielleicht ein Turnier auf einem Links-Course bei starkem Wind und schlechtem Wetter an. Der Sand in den Bunkern und das Gras auf dem Grün variieren. Alle diese Faktoren machen es einem Spieler sehr schwer, zwei oder drei Turniere hintereinander zu gewinnen.

1982 war für mich ein Jahr mit vielen Hochs und Tiefs. Ich verbuchte einen Sieg und zwei zweite Plätze, wurde zum Schluss Sechster der Geldrangliste. Nachdem ich die German Open als erster Deutscher gewonnen hatte, konnte ich meinen Titel im Stuttgarter Golfclub Solitude auch erfolgreich verteidigen. Das aber erwies sich als alles andere als einfach, weil ich nach den zwei ersten Runden mit 73 und 71 Schlägen nur Siebter hinter dem Führenden Christy O'Connor jun. war.

Vor allem aber war diese Turnierwoche eine der härteren, weil die Zuschauer überall herumliefen und Fotografen Bilder machten, wann immer sie wollten – und das mehrmals beim Rückschwung oder im Augenblick des Abschlags. In Deutschland war Golf noch neu, die Fotografen waren auf der Suche nach guten Motiven. Aber sie hatten keine Erfahrung, wie man bei einem Golfturnier arbeitet. Schon deshalb waren meine Kollegen nicht allzu erpicht darauf, mit mir auf die Runde zu gehen.

Mit einer 69 in der dritten Runde verkürzte sich zwar der Abstand zur Spitze, aber ich lag immer noch drei Schläge zurück. In der letzten Runde brachte ich einen Angriff nach echter Arnold-Palmer-Manier zustande – ich spielte an elf Löchern sechsmal die Drei, schaffte fünf Birdies und brauchte achtmal nur einen Putt, um am Ende auf eine 66 zu kommen, die für ein Playoff reichte. Dieses entschied ich gegen Bill Longmuir am ersten Extraloch für mich.

Der Sieg bei dem Stechen war eine besondere Genugtuung für mich, weil ich das Playoff gegen Tony Jacklin bei den PGA Championships in Hillside, England, ziemlich unglücklich verloren hatte. Tony lochte schon seinen zweiten Schlag am ersten Extraloch beinahe ein, ich hatte keine Chance. Es war der vermutlich deprimierendste Augenblick meiner bisherigen Karriere: Mein langes Spiel war exzellent, aber mein Putten war richtig schlecht.

Immer und immer wieder verpatzte ich Putts aus weniger als zwei Metern, nachdem ich den Ball vorher mit dem zweiten Schlag vom Fairway perfekt an die Fahne genagelt hatte. Zum Teil schob ich die Putts massiv am Loch vorbei. Dem Playoff mit Jacklin zum Beispiel war Folgendes vorausgegangen: Drei Bahnen vor Schluss lag ich noch in Führung, brauchte am 16. Loch, einem Par 3, aber geschlagene vier Putts vom Rand des Grüns bis zum Loch, um mit einer Fünf zum vorletzten Loch zu gehen. Ich hatte Jacklin den Ausgleich möglich gemacht und verlor auch noch das Stechen.

Bei der British Open schnitt ich als Dreizehnter, sechs Schläger hinter Tom Watson, gut ab.

Etwa um diese Zeit begann meine Zusammenarbeit mit Peter Coleman, der inzwischen seit über zwanzig Jahren mein Caddie ist. Peter kam 1981 auf mich zu. Seine professionelle Art beeindruckte mich vom ersten Tag an. Er ist stets pünktlich, immer tadellos gepflegt und geht in seinem Beruf auf. Nie beschwert er sich, auch wenn er viele Stunden mit mir auf der Driving Range verbringen muss.

Peters Weg zum Golfsport verlief nicht viel anders als meiner. Er begann als Caddie, um sich Taschengeld zu verdienen. Nach dem Schulabschluss arbeitete er in einem Büro, das er aber sofort wieder verließ, als sich eine Gelegenheit bot, in einem Golfclub als Assistent anzufangen. Nach einem weiteren Abstecher in einen »vernünftigen« Beruf wurde ihm angeboten, als Caddie für Tommy Horton zu arbeiten – er nutzte die Chance. Gearbeitet hat er unter anderem auch für Nancy Lopez und

Seve Ballesteros. Nach einer kurzen Zusammenarbeit mit mir im Jahr 1982 ging er zu Greg Norman, kehrte aber 1983 zu mir zurück; seitdem sind wir ein Team.

Über einen so langen Zeitraum mit jemandem gut auszukommen, ist nicht immer einfach. Der Druck kann sehr groß sein. Und in der Hitze des Gefechts kann es durchaus zu Konflikten kommen. Manchmal habe ich ihm etwas vorzuwerfen. Das gehört zum Caddiealltag nun mal dazu. Hin und wieder muss ich einfach Dampf ablassen, er ist dann derjenige, der meinen Ärger über sich ergehen lassen muss, einfach auch um mich und mein Spiel zu schützen. Ein guter Caddie braucht manchmal eben ein dickes Fell. Langfristig betrachtet tut der Caddie aber gut daran, sich mit derartigen Dingen abzufinden, weil der Profi dann einfach besser spielt. Und je besser er abschneidet, desto mehr verdienen alle beide.

Auch was die Arbeit des Caddies anbelangt, ist heute fast alles anders als zu meiner Anfangszeit. Ein Beispiel sind die mittlerweile recht professionellen Yardage-Bücher, auf die man sich verlassen kann. Aber als Peter und ich unsere Zusammenarbeit begannen, gab es so etwas noch nicht.

Oft prüfen wir die Entfernungen gemeinsam. Mittlerweile genügt es normalerweise, wenn wir die erhältlichen Yardage-Bücher noch einmal checken, das machen wir mit einem Laser-Messgerät. Tauchen bei irgendeinem Loch Zweifel an den veröffentlichten Entfernungen auf, gehe ich zum Grün und Peter misst meine Position mit dem Laser ein. Das Ergebnis ist die korrekte Distanz. Die Bücher, wir benützen meistens ein Exemplar zusammen, sind in der Regel aber so exakt, dass wir wenig ändern müssen.

Selbst die genauesten Abmessungen schließen nicht aus, dass man im Turnierstress Fehler macht. Ein Beispiel: Im Buch steht eine Entfernung von 146 Metern von einem Sprinkler zum Grün; man geht 11 Meter vorwärts, aber dann addiert man statt zu subtrahieren, und errechnet 157 statt 135 Meter. Die Folge ist die Wahl des falschen Schlägers, mit dem man über das Grün hinwegschießt. Prüfen Spieler als auch Caddie die Entfernung, passieren solche Fehler weniger häufig.

Die Schlägerwahl ist von entscheidender Bedeutung. Neben der Distanz sind weitere Faktoren zu berücksichtigen wie der Wind, die Lage des Balles oder ob der Schlag bergab oder bergauf ausgeführt wird. Außerdem kommt es darauf an, wie ich den Ball treffen will. Soll er gerade fliegen, als Fade oder Draw, das beeinflusst die Schlägerwahl durchaus. Peter und ich besprechen das gemeinsam, meist sind wir uns einig und die Entscheidung fällt leicht.

Trotzdem kommt es vor, dass Peter etwa ein Eisen 6 vorschlägt und ich zum Eisen 5 tendiere. Schließlich bin ich derjenige, der den Schlag ausführen muss, also muss mir die Wahl richtig erscheinen. Aber vielleicht möchte Peter auch nicht die Schuld tragen, wenn es schief geht!

1983 verbuchten wir drei Siege sowie einen zweiten und einen dritten Platz – in der Order of Merit wurde ich Dritter. Meinen ersten Titel holte ich bei der Italian Open in Ugolino, wo ich nach vier Runden unter 70 mit Ken Brown und Seve Ballesteros gleichauf lag, das anschließende Stechen aber am zweiten Extraloch gewann.

Ein Stechen ist ziemlich nervenaufreibend, wobei ich natürlich lieber ein Playoff spiele, als überhaupt nichts mit dem Sieg zu tun zu haben. Playoffs sind eben einfach nicht immer fair, die Spieler stehen unter enormem Druck. Ein guter Schlag bedeutet oft den Sieg, ein einziger schlechter die sofortige Niederlage. Das macht die ganze Sache auch wieder faszinierend. Das ist es ja, wofür man arbeitet und wofür man übt: In Situationen zu kommen, in denen man Turniere gewinnen kann.

Bei Playoffs ist die richtige Mischung aus Aggressivität und konservativem, taktischem Spiel gefragt. Man muss aufs Ganze gehen, weil es keine zweite Chance gibt. Im Hinterkopf hat man stets den Gedanken, dass ein Par wahrscheinlich nicht genügt, weil ein anderer vermutlich ein Birdie macht. Gleichzeitig will man nicht zu aggressiv sein und das Bogey vermeiden, weil vielleicht ja auch ein Par ausreichen kann.

Letztendlich hat man im Stechen eine klassische Matchplay-Situation, in der man den anderen genau beobachtet. Ist der Schlag des Mitspielers nicht allzu toll geraten, muss man selbst ebenfalls nicht etwas Spektakuläres versuchen – das Ergebnis könnten nur unnötige Schwierigkeiten und der Lochverlust sein.

Playoffs habe ich im Lauf der Jahre reichlich mitgemacht. Eine der ungewöhnlichsten Erfahrungen entstammt der BMW International Open 1992, wo ich zusammen mit vier anderen Spielern ins Stechen musste. Zu fünft schlägt man ansonsten eher selten ab. Die erste Bahn, die wir spielten, war ein kurzes Par-4-Loch, wobei es nahe lag, dass irgendeiner ein Birdie spielen würde. Ironischerweise war es Paul Azinger, der den schlimmsten Abschlag vom Tee machte. Er landete im Rough mit einer Hanglage bergab, während wir übrigen Pitching Wedges vom Fairway hatten – er machte das Birdie, wir anderen vier nicht.

Ungewöhnlich war auch das Stechen bei der Lancôme Trophy 1986 zwischen Seve und mir. Nach vier Löchern im Playoff war das Match noch immer unentschieden und es wurde allmählich dunkel. Wir hatten 17, 18, dann 17 und wieder 18 gespielt und waren beide zwei oder drei unter Par, aber immer noch gleichauf. Die Platzrichter und die Spieler erörterten die Lage. Sowohl Seve als auch ich hatten am nächsten Tag andere Termine; deshalb einigten wir uns darauf, den ersten Preis zu teilen. Ein ziemlich ungewöhnlicher Fall.

1983 gewann ich auch die Glasgow Golf Classic mit einem Schlag vor Vicente Fernandez und die Tournament Players Championship, bei der ich mir den Sieg mit zwei 67er Runden zum Abschluss sicherte. Bei der Benson and Hedges International wurde ich Zweiter, geschlagen nur durch ein Eagle von John

Bland am 18. Loch. In dieses Jahr fiel auch meine gute Leistung beim Ryder Cup.

Es war die Zeit, in der ich mehr international zu reisen begann: Ich spielte einige Turniere in Amerika, siegte dann in Japan bei der Casio World Open. Meinen Erfahrungsschatz hat das sehr bereichert, weil die Bedingungen immer etwas variierten. Meinem Bekanntheitsgrad außerhalb Europas hat es sicherlich auch nicht geschadet. All das half mir, an mich zu glauben und davon auszugehen, dass ich überall erfolgreich sein konnte, wo ich spielte.

Als einem etablierten Golfer erscheinen mir viele dieser Leistungen im Rückblick nicht besonders bedeutsam, aber man muss bedenken, dass ich in dieser Phase meinen Beruf erst noch in allen Feinheiten erlernen musste. Jeder kleine Schritt brachte mich eine Stufe weiter, zeigte mir, dass ich von da aus weitergehen konnte.

Das Turnier in diesem Jahr, das besonders nachhaltige Auswirkungen auf mein Leben haben sollte, war eines in Florida, bei dem ich den Cut nicht schaffte. Am Ende des ersten Spieltages begegnete ich nämlich einer sehr attraktiven jungen Frau aus Louisiana mit dem Namen Vikki. Nach einer kurzen Unterhaltung lud ich sie zum Essen ein. Da wir uns gerade erst kennen gelernt hatten, war es nicht überraschend, dass sie nein sagte.

Erfreulicherweise lud sie mich kurz darauf ein, mich einer Gruppe von acht Personen anzuschließen, mit denen sie an diesem Abend ausgehen wollte. Eigentlich wollte ich in der folgenden Woche zurück nach Deutschland reisen, aber nachdem ich Vikki begegnet war, blieb ich noch eine weitere Woche. Danach hielten wir trotz der großen Entfernung Kontakt.

Kurze Zeit später kam Vikki zum ersten Mal nach Europa; sie blieb drei Wochen und ich zeigte ihr vieles. Es war eine herrliche

Zeit. Schon sechs Monate nach unserer ersten Begegnung erklärte sie sich bereit, ihren Beruf aufzugeben und mit mir zu reisen. Im September 1983 verlobten wir uns und heirateten am 20. Januar 1984. Das war der Beginn vieler schöner Jahre.

Da Vikkis Eltern nicht mehr lebten, heirateten wir in Anhausen in jener Kirche, in der ich als Junge Messdiener gewesen war. Es war eine kleine Feier, die aber viel Aufmerksamkeit in den Medien erregte – die Fotografen schienen genauso zahlreich zu sein wie die Gäste! Und für Vikki brachte die Art und Weise, wie wir in Deutschland Hochzeit feiern, so manche Überraschung mit sich.

Die erste war die Hochzeitstorte, die mit dunkler Schokolade überzogen war – Vikki hatte eine mehrstöckige Torte mit weißem Guss erwartet. Die zweite Überraschung war die Brautentführung, ein alter Brauch, bei dem die Braut in ein anderes Lokal gebracht wird und vom Bräutigam wieder gefunden werden muss. Glücklicherweise ist Anhausen nicht sehr groß und so konnte ich sie rasch finden. Sie saß mit meinem Bruder und einigen anderen Freunden im örtlichen Tennisclub und trank Champagner – den ich natürlich nach alter Tradition zu bezahlen hatte!

Nach unserer Hochzeit begann das Tour-Leben – was bedeutete, dass wir weniger als die Hälfte des Jahres zu Hause waren. Es war ein ungewöhnliches Leben, aber wir kannten nichts anderes. Trotzdem war es eine schöne Zeit. Das Golfspiel lief gut, wir waren jung und hatten viel Spaß. Vikki liebte das Reisen, ein ziemlich großer Vorteil.

Als unsere Tochter Jackie zwei Jahre später geboren wurde, änderte sich unser Leben völlig. Mit einem Baby, dann mit zwei und schließlich mit drei Kindern unterwegs zu sein, machte das Reisen wesentlich schwieriger. Und als Jackie und die anderen Kinder ins Schulalter kamen, sahen wir uns noch mit ganz anderen Problemen konfrontiert.

Acht Jahre lang unterrichteten wir Jackie am Anfang und

Ende des Schuljahres zu Hause. Stefan und Christina bekamen später zwei Jahre lang nur Unterricht daheim. Man tut eben einfach, was man kann, um Probleme zu lösen. Ich glaube, darin liegt der Schlüssel zu dieser Art von Lebensstil. Die Lösung ist das, was im gegebenen Fall am besten funktioniert, und das tut man dann einfach.

Als wir frisch verheiratet waren, wollten wir zuerst in Deutschland leben, aber im ersten Jahr nach der Hochzeit spielte ich acht Turniere in den USA, gewann $ 80 000 und erhielt meine Karte für die US Tour 1985. Also kauften wir ein Haus in Boca Raton, Florida, und verbrachten sechs Monate in Europa und sechs in Amerika. Das war ganz angenehm, denn so konnten wir die Vorteile beider Kulturen genießen und die kalten Winter meiden. Mit den Jahren verbrachten wir dann immer weniger Zeit in Europa und immer mehr in Amerika.

Auch 1984 war ein erfolgreiches Jahr. Ich gewann vier nationale offene Meisterschaften – in Frankreich, Holland, Spanien und Irland. Die europäische Order of Merit schloss ich als Erster ab, wurde Zweiter bei der British Open in St. Andrews.

Mein Sieg bei der French Open war kein leichter. Ich begann mit Runden von 68 und 71, hatte aber Probleme beim Abschlag und verzog Bälle in alle Richtungen. Jemand bot mir an, mich mit seiner Videokamera zu filmen. Durch das Video konnte ich erkennen, dass ich zu stark von außen an den Ball kam. Ich telefonierte mit meinem Coach Willi Hofmann in Ulm und diskutierte das Problem. Wir führten vier lange Gespräche mit dem Ergebnis, dass ich das Problem bis zur dritten Runde gelöst hatte und eine 67 spielte.

Außerdem war meine Puttbilanz wieder einmal unerfreulich. Während ich davon überzeugt war, meine Position beim Ansprechen wäre richtig, konnte davon tatsächlich keine Rede sein. Am Samstagabend übte ich zwei Stunden lang und beschloss, es mit einer neuen Methode zu versuchen: Ich setzte die Schlagfläche hinter den Ball und stellte mich square zum Loch, um zu prüfen, ob meine Position richtig war, bevor ich dann zur Puttingposition wechselte. Ich war etwas besorgt, ob diese Methode gegen die Regeln verstieß, aber der Turnierleiter Tony Gray gab mir grünes Licht. Mit einer abschließenden 64er Runde gewann ich schließlich am Sonntag mit einem Schlag Vorsprung auf José Rivero und mit drei Schlägen auf Nick Faldo.

Die Dutch Open in Arnheim holte ich mir mit vier Schlägen vor Graham Marsh – ein Sieg, dessen Basis eine 64er Auftaktrunde war, für die ich nur 22 Putts brauchte; eigentlich wäre auch eine 62 möglich gewesen, weil ich mir noch ein Doppel-Bogey an einem Par 5 leistete, sogar eine 61 wäre leicht drin gewesen.

Bei der PGA Championship in Wentworth wurde ich Zweiter. Meine Scores lagen alle im 60er Bereich, aber der spätere Sieger Howard Clark ließ nach einer 64-Runde zum Start nie mehr locker, wir anderen hatten kaum eine Chance. Das Turnier wurde wegen des schlechten Wetters auf 54 Löcher verkürzt.

Ich gewann die Irish Open mit Runden von 68, 66, 67 und 66 Schlägen und besiegte Mark James um vier Schläge. Anschließend äußerte Mark sich anerkennend über mein kurzes Spiel. Er meinte, ich hätte das beste kurze Spiel in Europa und könnte wohl auf den Durchmesser einer Damenhandtasche chippen und putten. Vielen Dank, Mark, ich weiß das Kompliment zu schätzen – die Sache mit der Handtasche habe ich allerdings nie versucht.

Die Spanish Open in El Saler 1984, ein herausragender Golfplatz an der zerklüfteten Küste in der Nähe von Valencia, wird mir immer in Erinnerung bleiben. Ich wurde bestohlen, musste für langsames Spiel Strafe zahlen, spielte die niedrigste Runde meiner Karriere und gewann das Turnier! Begonnen hatte ich mit Runden von 73 und 68 Schlägen. Dann brach ein

Dieb in unser Zimmer ein, während Vikki eine Tennisstunde nahm, und stahl den größten Teil unserer persönlichen Sachen. Vikki erzählte mir davon erst nach meiner 72er Runde. Ich war so wütend, dass ich in dieser Nacht kaum schlafen konnte.

Was die Strafe für das langsame Spiel anbelangt, so dauerte die Runde vier Stunden und vierzig Minuten, wir waren am Ende zehn Minuten über der Zeit. Es war das erste und einzige Mal in über 25 Jahren, dass ich auf der European Tour für langsames Spiel mit Strafe belegt wurde. Ich weiß, dass ich nicht gerade der schnellste Golfer bin, aber der langsamste bin ich bei weitem nicht. Ich spielte mit Seve – in Spanien – und das ist alles andere als einfach. Ständig muss man sich seinen Weg durch die Menge bahnen. Wenn die Veranstalter meine Zeit schon kontrollierten, hätte man mich wenigstens vorher verwarnen können.

Da wir schon einmal beim Thema sind: Ich gestehe also, dass ich zu den langsameren Profigolfern gehöre. Ich würde mich als peinlich genau beschreiben – wie Nicklaus. Menschen sind verschieden; einige brauchen einfach etwas mehr Zeit, bis sie fertig sind. Und ich bin jemand, der sich gern etwas mehr Zeit nimmt. Gleichzeitig muss man hinzufügen, dass ich zehn bis fünfzehn Jahre lang in einer Umgebung gespielt habe, in der strenge Zeitregeln befolgt wurden – vierzig Sekunden pro Schlag. Trotzdem habe ich nur einmal in Europa und nur einmal in Amerika – ganz am Anfang meiner Karriere – Strafe zahlen müssen und das lag daran, dass ich einen sehr schwierigen Schlag vor mir hatte. Ich befand mich unter den Bäumen, suchte nach einem schmalen Spalt heraus und musste über das Wasser. Seitdem wurde ich nie wieder mit Strafe belegt.

Es ist ja keineswegs so, dass ich gerne auf dem Platz herumstehe. Am liebsten spiele ich in einem möglichst gleichmäßigen Tempo. Ich nehme mir zwar Zeit mit den Schlägen, um möglichst jeden Faktor zu berücksichtigen: Distanz, Lage, Wind, Position der Fahne und so weiter. Ein schlechter Schlag, entstanden, weil man nicht alle Faktoren berücksichtigt hat, kann zwei oder drei

Schläge kosten, die am Ende zwischen dem ersten und dem neunten Platz entscheiden.

Falls ich mich beeilen muss, gehe ich zwischen den Schlägen schneller. Wenn ich an die Reihe komme, bin ich normalerweise bereit. Vergleiche ich mein eigenes Tempo mit dem der meisten anderen Spieler, bin ich zugegebenermaßen etwas langsamer. Das liegt an meiner Routine und an der Art, wie ich gern spiele, aber ich muss natürlich innerhalb der Regeln bleiben und versuche auch, mich daran zu halten.

Es mag Sie überraschen, aber ich spiele lieber mit schnellen Golfern als mit langsamen. Wenn ich mit zwei langsamen Spielern ausgelost werde, haben wir in der Regel ein Problem. Drei langsamere Spieler in einem Flight haben meist Mühe nicht zurückzufallen. Spiele ich mit schnelleren Kollegen, kommt meistens kein Zeitproblem auf.

Um noch einmal auf die Spanish Open zurückzukommen: Nach der Zeitstrafe, dem Diebstahl und der ganzen Aufregung war ich nicht gerade in bester Verfassung, als ich die letzte Runde mit sieben Schlägen Rückstand hinter Howard Clark begann. Das Ergebnis der eher schlechten Stimmung: 24 Putts und eine 62, dazu der Turniersieg mit einem Schlag Vorsprung auf Howard.

Eine 62 hatte ich eigentlich nicht für möglich gehalten – es war die bis dahin beste Runde meiner Laufbahn. Schon einmal hatte ich zehn unter Par gespielt – bei einem Pro-Am in Moor Park –, aber noch nie auf einem so schweren Platz oder unter so großem Druck. 1984 wurde damit für mich zum Jahr der niedrigen Scores: die 64 in Holland, eine 62 in Spanien, dazu eine 66 in Italien (sechs unter Par) und eine 65 in der Schweiz (sieben unter Par).

Nach dem Diebstahl in Valencia hatte ich der Presse übrigens gesagt, ich müsse das Turnier gewinnen, es sei die einzige Möglichkeit für mich, in dieser Woche wieder zu Geld zu kommen. Freude auch bei meinem Caddie Peter, denn der Sieg bedeutete, dass ich ihn bezahlen konnte!

Eine weitere Kuriosität dieser Woche war, dass ich als Kapitän einer internationalen Fußballmannschaft ein 2:2-Match gegen die spanische Mannschaft unter Kapitän Seve Ballesteros spielte. In der Zeitschrift *Golf Weekly* wurde ich als »quirliger Linksaußen« beschrieben. Danke – aber ich beschloss, meinen Beruf nicht aufzugeben.

Zufrieden war ich auch mit meinem Auftritt beim Suntory World Matchplay in Wentworth. Ein Platz, den ich ohnehin gern spiele, ich mag seine stark wellenförmige Beschaffenheit. Es gibt eine Reihe langer, anspruchsvoller Spielbahnen, darunter das erste, dreizehnte und fünfzehnte Loch und natürlich ein großartiges Finale. Wentworth bietet einfach die perfekte Mischung: An manchen Abschlägen greift man besser zum Eisen, bei anderen ist vor allem ordentliche Länge gefragt.

Im Viertelfinale schlug ich Corey Pavin mit zwei und eins und im Halbfinale Greg Norman ebenfalls mit zwei und eins. Das Finale mit Seve verlief dramatisch, er gewann mit zwei und eins. Ohne es zu beabsichtigen, hatte ich am Vortag die Spannung noch etwas angeheizt, als ich bei einem Interview sagte, dass Seve seine Gegner auf dem Platz einschüchtere. Das sollte nicht bedeuten, dass er absichtlich versuchte, dem Gegner Furcht einzuflößen – aber in der Presse wurde die Sache ziemlich übertrieben.

Seve ist ein solch extremer Wettkampftyp, dass er sich auf dem Platz ausschließlich auf sein eigenes Spiel konzentriert. Seinen Caddie – oft ist es sein eigener Bruder – kritisiert er oft sehr scharf. Positive Kommentare über gute Schläge der Mitspieler hört man kaum von ihm. Er scheut sich nie, den Platzrichter zu rufen, um die beste Auslegung der Regeln zu bekommen. Darüber hinaus ist er einfach einer der besten Spieler, die je Golf gespielt haben. All das zusammen ergibt auf Mitspieler durchaus eine beeindruckende Wirkung.

Als ich nach dem Match zu Interviews in das Pressezelt gebeten wurde, war Seve noch dort und stellte mich – möglicherweise angestachelt durch die Presse – öffentlich zur Rede; er fragte, was ich denn mit der Bemerkung gemeint hätte, dass er Spieler auf dem Platz einzuschüchtern versuche. Ich erwiderte ruhig, dass ich das gar nicht hatte sagen wollen und dass kein Anlass bestand, sich zu streiten. Dies schien die Spannung zu lösen.

1985 verbesserte sich meine Form ständig. Ich gewann zweimal in den USA, zweimal in Europa, dazu in Australien und Südafrika. Zum Sieg bei der Australian Masters in Huntingdale trug ein As am zwölften Loch in der Finalrunde bei.

Insgesamt habe ich in meiner Karriere zwölfmal ein As gespielt, davon aber nur zwei während eines Turniers, das zweite beim Volvo Masters in Montecastillo. Die anderen Asse hatte ich bei Übungsrunden mit Freunden, außerdem zwei Asse beim Par-3-Turnier bei der US Masters. In Sun City, wo ein hoher Preis auf das erste As ausgesetzt war, passierte es mir einmal, dass der Ball auslippte.

Ich gewann in diesem Jahr die Panasonic European Open in Sunningdale, spielte aber keineswegs die ganze Zeit wie ein Champion. Am zweiten Loch des alten Platzes setzte ich meinen Schlag in die Heide direkt rechts neben dem Grün. Ich ärgerte mich über mich selbst und dachte: Heidekraut ist ein schreckliches Zeug, warum habe ich bloß den Ball dahin geschlagen? Als ich an die Stelle kam, saß der Ball direkt oben auf dem Heidekraut, was ich ziemlich erfreut zur Kenntnis nahm. Ich musste den Ball nur noch aufs Grün chippen und konnte dann hoffentlich zum Par einlochen.

Ich sprach den Ball an, unterschlug ihn aber. Der Ball bewegte sich drei oder vier Zentimeter, saß aber immer noch oben auf dem Heidekraut. Ich trat zurück, machte einen Probeschwung und sprach den Ball dann wieder an. Dasselbe wiederholte sich noch einmal, ich unterschlug wieder, nur noch ein Stückchen tiefer. Da stand ich nun, lag bei vier Schlägen, hatte den Ball aber seit meinem zweiten Schlag nicht mehr berührt! Beim nächsten Mal habe ich dann endlich wieder getroffen, lochte mit dem sechsten oder siebten Schlag ein, spielte weiter und gewann das Turnier.

Den Titel bei der German Open im Club zur Vahr bei Hamburg konnte ich erneut gewinnen, diesmal mit sieben Schlägen Vorsprung auf Michael McLean und Mark McNulty nach Runden von 61, 60 und 62. Allerdings endete das Spiel am ersten Tag mit Regen und der Platz war am zweiten Tag noch überflutet. Er wurde um fast 1500 Meter verkürzt, weshalb das Ergebnis für die offiziellen Rekordlisten nicht gewertet wird.

Mein großer Sieg in diesem Jahr war die US Masters, die an anderer Stelle in diesem Buch besonders beschrieben wird. In der darauf folgenden Woche gewann ich außerdem noch die Heritage Classic in Harbour Town, Hilton Head. Mit drei Runden unter siebzig ging ich mit einem Schlag Vorsprung in die Schlussrunde, spielte eine 70, die letztendlich aber ein Stechen mit Bobby Wadkins bedeutete, der eine 68 gespielt hatte. Ein Par am ersten Extraloch reichte für den Sieg, nachdem Wadkins nur ein Bogey gespielt hatte.

Mein größter Coup in Sachen Preisgeld gelang mir Ende 1986 in Sun City bei der Million Dollar Challenge. Der Erste bekam damals $ 300 000 – und das war eine Menge Geld. Der Sieg war für mich auch insofern sehr befriedigend, als ich 1984 auf eine Teilnahme in Sun City gehofft hatte, aber nicht eingeladen worden war. Damals führte ich die Geldrangliste an und hatte diverse Turniere gewonnen; eingeladen wurde ich trotzdem nicht.

Nach meinem Sieg bei der US Masters 1985 blieb den Veranstaltern wohl nichts anderes mehr übrig, als mich einzuladen. Schließlich wurden alle Major-Sieger eingeladen. Beim ersten Mal gleich zu gewinnen, war sehr schön, außerdem bedeutete dies die automatische Qualifikation fürs nächste Jahr. Sun City ist ein großartiger Platz, der sich hervorragend spielen lässt und zu meinen Lieblingsplätzen gehört.

Die Bilanz nach zwölf Monaten hätte kaum besser ausfallen können: Ich hatte sieben Turniere in fünf verschiedenen Ländern und auf vier verschiedenen Kontinenten gewonnen, war die Nummer 1 der Weltrangliste und hatte eine schöne junge Frau. Aber trotzdem schien da noch etwas zu fehlen.

Die US Masters 1985

Die US Masters ist unter den Majors insofern einzigartig, als sie immer auf demselben Platz gespielt wird, Augusta National. Die Tatsache, dass Augusta obendrein von Bobby Jones designed wurde, der unter Spielern selbst als Legende gilt, hat Augustas außergewöhnlichen Ruf noch verstärkt. Allerdings wurde der Platz seit seinen Anfängen immer wieder verändert. Wer regelmäßig hier spielt, gewinnt den Eindruck, als würde jedes Jahr an irgendeiner Stelle etwas umgebaut.

Zur Masters-Woche gehören einige besondere Veranstaltungen wie das Champions-Dinner am Dienstagabend. Nur die ehemaligen Sieger und der Clubpräsident werden eingeladen, der amtierende Titelträger zahlt. Für mich ist das immer ein ganz spezieller Abend; es macht einfach Spaß mit Jack, Arnie, Byron Nelson, Tiger Woods und all den anderen bedeutenden Champions beim Essen zu plaudern. Früher gab es auch ein entsprechendes Dinner für ausländische Spieler. Außergewöhnlich ist in Augusta National auch die Aufteilung der Umkleideräume – einer für Sieger und einer für alle übrigen Spieler. All das unterscheidet die Masters von anderen Turnieren.

Bestreitet man ansonsten ein Turnier, erhält man gewöhnlich Freikarten für Familienangehörige und Freunde. Bei der Masters musste man bis vor zwei Jahren Tickets kaufen. Als Sieger der Masters wird man jedes Jahr zur Teilnahme als Spieler oder im Seniorenalter als Zuschauer eingeladen, solange man lebt. Bei den anderen Majors läuft die automatische Spielberechtigung generell zehn Jahre nach einem Sieg ab.

Ich glaube, es ist kein Zufall, dass ich meine zwei Majortitel ausgerechnet in Augusta National gewonnen habe, weil ich diesen Platz sehr schätze. Wer hier gut spielen will, muss sehr präzise Eisen schlagen, die Distanzen extrem gut kontrollieren können und über ein exzellentes kurzes Spiel verfügen. Das sind genau die drei Bereiche, in denen ich ziemlich gut bin. Augusta ist ein anspruchsvoller Platz und man wird unweigerlich einige Grüns verfehlen; man muss also gut chippen können und im Umfeld der Grüns kreativ genug sein, um außergewöhnliche Schläge zu spielen, will man ein Par retten.

Wie schon gesagt: Es ist zweifellos eine meiner Stärken, einen Golfplatz richtig einschätzen zu können und die passende Strategie zu entwickeln. Beides ist bei der Masters unbedingt notwendig. Man muss wissen, wohin man den Ball schlagen sollte und wohin man ihn nicht schlagen darf.

Hinzu kommt, dass bei einer Reihe von Löchern ein Abschlag mit Draw ganz förderlich ist, was mir ebenfalls entgegenkommt. Dafür habe ich Probleme mit der Distanz der Abschläge, etwas mehr Länge würde mir ganz gut tun.

Obwohl mich viele für einen schlechten Putter halten, genieße ich die schnellen Grüns und die Herausforderung, in Augusta zu putten. Einschränkend würde ich allerdings hinzufügen, dass ein Teil der Grüns oder bestimmte Teilbereiche der Puttfläche nicht mehr fair sind, aber das ist jedem Mitspieler bekannt, und man bemüht sich, den Ball nicht auf die falsche Seite der Fahne zu schlagen. Nehmen wir zum Beispiel das Grün am vierzehnten Loch, das eine breite Welle hat und bei dem die Fahne oft drei oder vier Meter oberhalb der Welle steht. Angenommen man macht einen Schlag und der Ball rollt oben auf den Kamm der Welle. Überwindet er die Welle gerade noch, kommt er kurz neben der Fahne zum Halten, ein sicheres Birdie. Fällt der Schlag eine Nuance schwächer aus und der Ball überwindet den Kamm nicht, kommt er die ganze Welle zurückgerollt, verlässt das Grün und die Wahrscheinlichkeit auf ein Bogey ist ziemlich hoch. Ein minimaler Schlagunterschied kann damit zwei oder drei Schläge Unterschied im Rundenergebnis bedeuten. Ähnliches passiert am neunten Grün. Daneben gibt es einige Grüns, auf denen man, je nachdem, wo man liegt, überhaupt keine vernünftige Schlagmöglichkeit mehr hat.

Dadurch ergibt sich der eher seltsame Umstand, dass ein schlechter Annäherungsschlag zum Teil einen leichteren Putt zur Folge hat als ein nahezu perfekter Annäherungsschlag, der nicht genau den passenden Quadratzentimeter auf dem Grün trifft. Grundsätzlich ist man immer wesentlich besser dran, wenn man zwölf Meter zu kurz geschlagen hat, aber bergauf putten kann, als wenn man zwar auf Fahnenhöhe liegt, dann aber zwei Meter bergab oder quer zum Hang putten muss.

Als ich noch jünger war, gehörte ich zu den Golfern mit den längsten Abschlägen in Europa – das hat sich mit den Verbesserungen im Bereich Ausrüstung und natürlich auch mit meinem zunehmenden Alter geändert. Allein für das Jahr 2002 wurde der Golfplatz des Augusta National um über 200 Meter verlängert – und das zusätzlich zu den Verlängerungen der vergangenen Jahre. Das Ergebnis ist ein komplett anderer Golfplatz als noch vor zehn oder fünfzehn Jahren.

Meiner Meinung nach begünstigt diese Tatsache Leute wie Tiger Woods, Phil Mickelson, John Daly oder Davis Love, die den Ball jederzeit 270 Meter oder mehr schlagen können. Der entscheidende Unterschied bleibt einfach, mit welchem Eisen man das Grün angreift, zwischen Eisen 9 oder 4 zum Beispiel liegen Welten. Bei einigen der tückischen Grüns in Augusta ist dies ein entscheidender Unterschied, der noch dadurch verstärkt wird, dass man eventuell aus einer Hang- oder Schräglage spielt, was in Augusta National ebenfalls sehr häufig vorkommt.

Die Dreizehn und die Fünfzehn sind meine Lieblingslöcher. Vorausgesetzt, der Abschlag war gut, hat man die Chance, das Grün zu attackieren, allerdings über das Wasser. Bei einem schlechten Abschlag vom Tee ist von vornherein klar, dass man das Grün nicht angreifen kann. Doch selbst wenn man den erfreulichen ersten Fall vorfindet und die Chance hat, muss die Entscheidung nicht für die aggressive Lösung fallen. Es hängt teilweise vom Schlag ab, der ansteht, und teilweise vom Verlauf des Turniers.

Warum sollte man dieses Risiko zum Beispiel eingehen, wenn man mit vier Schlägen führt? Unter diesen Umständen würde ich vorlegen und mir ein Wedge ins Grün lassen. Liegt man allerdings ein oder zwei Schläge zurück, muss man die Attacke versuchen, weil man vielleicht keine bessere Gelegenheit mehr bekommt, den Rückstand auszugleichen. Aber das gehört eben zur Faszination des Golfspiels. Wer im Flug über das Wasser kommt und einen perfekten Schlag macht, hat die Chance auf Birdie oder womöglich gar ein Eagle. Landet der Ball aber im Wasser, spielt man leicht eine Sieben oder Acht.

Eine weitere Besonderheit der US Masters ist das traditionelle Par-3-Turnier. Den Zuschauern macht es viel Spaß, für die Spieler hat es, ehrlich gesagt, kaum Bedeutung. Der Par-3-Kurs ist ein wunderschönes Gelände mit Blumen, Bäumen und Seen. Die Grüns sind so gut wie auf dem Championship-Platz, die Atmosphäre ist erstaunlich. Man kommt sich vor wie im Zoo, so viele Menschen stehen in der Umgebung der Löcher dicht gedrängt hinter der Abgrenzung!

Offenbar hat der Sieger des Par-3-Turniers nie die Masters gewonnen. Wer also abergläubisch ist, sollte bei dieser Veranstaltung nicht siegen, nur für den Fall, dass er sich dadurch die Chance auf den Titel des Hauptturniers verspielt. Ich bin nicht abergläubisch, betrachte die Veranstaltung aber eher als ein Vergnügen und nicht als Turnier, bei dem um den Sieg gespielt wird. Die Unterhaltung des Publikums steht im Vordergrund. Es kommt zum Beispiel vor, dass drei Spieler gleichzeitig abschlagen, sodass drei Bälle zugleich in der Luft sind. Wenn ich das Grün erreiche, bitte ich vielleicht ein Kind, meinen Putt zu spielen, und bereite ihm damit eine Riesenfreude, ohne mir Sorgen machen müssen, ob er ins Loch geht oder nicht.

Meine erste Erfahrung mit der Masters machte ich 1982. Die erste Überraschung waren Grüns, wie ich sie noch nie in meinem

Leben gesehen hatte – natürlich hatte ich schon auf der ganzen Welt Golf gespielt, auf derartig schnellen und tückischen Grüns aber nie.

Nach zwei Runden lag ich elf Schläge hinter dem führenden Spieler und verpasste den Cut aufgrund der Zehn-Schläge-Regel um nur einen Schlag. Auf den 36 Löchern hatte ich geschlagene elf Dreiputts gebraucht – statistisch betrachtet an jedem dritten Loch einen. Natürlich kann man bei elf Dreiputts nicht erwarten, noch um den Sieg zu spielen. Positiv war allerdings, dass ich aus dieser Erfahrung gelernt habe; bei meinem ersten Sieg drei Jahre später brauchte ich nur einen Dreiputt an vier Spieltagen.

1984 gewann Ben Crenshaw die Masters. Ich lag mit Runden von 73, 70, 74 und 72 zwölf Schläge zurück. Nach zwei Runden war ich etwa auf dem fünfzehnten Platz, fiel dann aber weiter ab. Immerhin war es ein Fortschritt, den Cut zu schaffen und alle vier Runden zu spielen.

Die Masters 1985 begann ich mit einer 72 gegen Gary Hallbergs 68. Nach einer 74 in Runde zwei lag ich sechs Schläge auf den führenden Craig Stadler zurück. Nach der zweiten Runde aß ich mit dem deutschen Journalisten Harry Valerien zu Mittag. Er meinte, ich sei doch sicher mit meiner Leistung zufrieden, da ich mir durch ein ordentliches Finale einen Platz unter den Top 24 und eine Einladung für das nächste Jahr sichern könnte. Ich überraschte ihn mit meiner Antwort: »Also eigentlich, Harry, verfolge ich das Ziel, dieses Turnier zu gewinnen.«

An diesem Tag tat ich etwas für mich sehr Ungewöhnliches: Ich nahm mir für die dritte Runde andere Eisen, weil ich den Ball etwas höher schlagen wollte. Am gleichen Tag ging ich während der Runde ein Risiko ein, das sich aber bezahlt machen sollte. An der Dreizehn hatte ich den Drive zu weit nach rechts gezogen. Ich war 205 Meter vom Grün entfernt und musste den nicht zu unterschätzenden Rae's Creek überwinden. Das Holz 3, gut getroffen, schlug ich damals 210 Meter, was bedeutete, dass ich keinerlei Spielraum für Fehler hatte. Nach einiger Überlegung kam ich zu dem Schluss, dass ich den Schlag einfach riskieren musste, wenn ich die Masters gewinnen wollte. Es war nicht gerade ein perfektes Holz 3, das ich da geschlagen habe – ein wenig dünn und flach. Der Ball prallte kurz vor dem Wasser auf, schoss hoch in die Luft und erreichte mit dem nächsten Aufprall die andere Seite des Bachs. Sechs Meter vom Loch entfernt, kam er auf dem Grün zum Stehen. Als ich den Putt zum Eagle gelocht hatte, stand nur noch die »3« auf meiner Karte. Es heißt ja: »Entscheidend ist nicht wie, sondern wie viele!« Meine Strategie war jedenfalls aufgegangen.

Am Ende der dritten Runde führte Ray Floyd mit vier unter Par. Curtis Strange war Zweiter mit drei unter Par, während Seve und ich uns mit zwei unter Par den dritten Rang teilten. Für Curtis war die Masters bereits bis zu diesem Zeitpunkt ein interessantes Turnier gewesen. Begonnen hatte er mit einer 80 und war schon bereit, sein Hotelzimmer zu räumen und nach Hause zu fahren, als eine 65er Runde plötzlich alles änderte. Einen weiteren Tag später lag er nach einer 68 sogar nur noch einen Schlag hinter dem Führenden. Das ist eben das Faszinierende am Golf!

Die Flighteinteilung am letzten Tag war so, dass Seve und ich als Zweitletzte auf den Platz gingen. Curtis Strange und Ray Floyd waren die letzte Paarung. Ich hatte die ganze Woche über sehr beständig gespielt und wusste, dass ich eine Chance hatte. Am Sonntag entschied ich mich für die ziemlich ungewöhnliche Strategie, den Spielstand der führenden Golfer an den Leaderboards nicht zu verfolgen, sondern nur mein eigenes Spiel zu machen und einfach zu sehen, was passieren würde. Manchmal frustriert es ziemlich, wenn man sich die Zwischenstände ansieht und feststellt, dass man völlig abgeschlagen liegt. In anderen Fällen steigt der Adrenalinspiegel unkontrollierbar in die Höhe, weil man mit zwei Schlägen führt und die Konzentration verliert.

In den meisten Fällen schaue ich mir das Leaderboard an, aber es gab eine Phase, in der ich gut spielte, während ich darauf verzichtete. Wenn man es genauer betrachtet, muss man den Spielstand eigentlich nicht wissen. Allerdings möchte man auch den Fehler vermeiden, der Jesper Parnevik bei der Open in Turnberry 1994 unterlief, als er den Spielstand nicht kannte und dachte, er müsse ein Birdie schaffen, während ihm ein Par genügt hätte. Er war zu aggressiv und machte ein Bogey. Wenn man andererseits nach jeder Spielbahn auf das Leaderboard starrt, kann man so mit den Scores beschäftigt sein, dass man sein eigenes Spiel nicht mehr durchziehen kann.

Doch zurück zu meiner Runde: Ich brauchte sechs Schläge am zweiten Loch, nachdem ich zweimal einen Bunker getroffen hatte; am dritten Loch konnte ich aber aus dreieinhalb Metern zum Birdie einlochen, am fünften aus fünf Metern. Am siebten Loch vergab ich eine gute Birdie-Chance. Als ich zum zehnten Tee hinüberging, warf ich nur einen kurzen Blick auf das Leaderboard und konnte es nicht fassen. Zu Beginn des Tages war ich zwei Schläge zurück gewesen und hatte gehofft, den Abstand zum Führenden zu verkürzen – nur um jetzt festzustellen, dass ich vier Schläge zurücklag.

Ich hatte es einfach satt, ständig auf dem zweiten oder dritten Platz zu landen und nicht zu siegen. Als ich an die zweiten Neun kam, war mein einziger Gedanke: »Ich werde jede einzelne Fahne angreifen.« Es folgten zwei Pars an den Löchern zehn und elf, wobei speziell die Zehn ein sehr schwieriges Loch ist, an dem einem ein Par wie ein Birdie erscheint.

Die zwölfte Spielbahn ist das Par-3-Loch über Wasser und selbst Jack Nicklaus sagt, wenn man die Fahne zur Rechten hat, sollte man sie nicht angreifen, sondern über den Bunker zielen. Dann hat man zwar einen längeren Putt, aber falls man den Schlag leicht verzieht, landet man im Bunker und hat immer noch einen Schlag aufs Grün und einen Putt, um das Par zu sichern. Wenn man auf die Fahne spielt und das Grün unterhalb der Fahne trifft, rollt der Ball ins Wasser.

In diesem Fall stand die Fahne rechts, ich spielte sie an und machte das Birdie. So ging es Schlag für Schlag weiter; ich attackierte jede Fahne – mit Schlägen, die ich normalerweise nie versucht hätte. Birdies am dreizehnten, fünfzehnten und siebzehnten Loch, Pars an 14 und 16 waren die Folge.

Die Löcher zehn bis siebzehn spielte ich fünf unter Par – Curtis Strange bekam den Druck zu spüren. Er machte einen Dreiputt am zehnten Loch, erzielte dann aber ein Birdie am zwölften. Auf der Dreizehn setzte er den zweiten Schlag in den Bach, beschloss, den Ball aus dieser Lage zu spielen und brauchte zwei

Volle Konzentration und ein gelungener Bunkerschlag – Mosaiksteine auf dem Weg zum 1. Majorsieg bei der US Masters in Augusta 1985.

Schläge, um herauszukommen. Auf der Fünfzehn landete er wieder im Wasser und droppte. Mit meinem Birdie am fünfzehnten Loch hatte ich die Führung übernommen und lag einen Schlag vor Curtis und zwei vor Seve. Das Birdie am siebzehnten verschaffte mir eine Führung von zwei Schlägen vor dem Feld.

Als ich zur Achtzehn kam, war mir klar, dass ein Par für den Sieg reichen würde, außer etwas völlig Unvorhergesehenes würde geschehen. Ich schlug ein Eisen 1 vom Tee und ein Eisen 4 auf das Grün. Der Ball landete im Bunker, lag aber gut. Der folgende Bunkerschlag war gut, der Ball kam bis auf zwei Meter ans Loch heran. Ich las die Puttlinie und hielt zur linken Lochkante an, aber der Ball nahm keinen Break an und ging links vorbei. Es war mein zweites Bogey an diesem Tag. Curtis gab an der 18 noch einmal Gas, weil er ein Birdie für ein Stechen brauchte. Tatsächlich wurde es nur ein Bogey, sodass ich mit zwei Schlägen Vorsprung gewann.

Es war ein seltsames Gefühl, ihn auf einem Fernsehbildschirm im Scorer-Büro auf der Achtzehn zu beobachten. Die eine Hälfte in mir wollte jubeln, aber die andere ließ mich konzentriert bleiben, da Curtis leicht ein Birdie erzielen konnte; was bedeutet hätte, dass ich noch einmal auf den Platz musste. Als ich seinen dritten Schlag sah, war die Erleichterung unglaublich. Ich umarmte Vikki. Ich war Masters-Champion!

Und das waren die endgültigen Ergebnisse: Langer 68, gesamt 282; Strange mit 71, Floyd mit 72 und Ballesteros mit 70 teilten sich den zweiten Platz bei insgesamt 284 Schlägen.

Wenn die Masters vorbei ist, wird man nicht zur Pressekonferenz gebracht, sondern direkt zu einem Live-Fernsehinterview in der Butler Cabin. Man bekommt das grüne Jacket, der traditionelle Preis für den Sieger, einige Fragen werden gestellt. Als ich zur Butler Cabin gebracht wurde, war es, glaube ich, der TV-Reporter Jim Nance, der mich fragte: »Haben Sie auf das Leaderboard geschaut? Wussten Sie, was im Turnier vor sich ging?«

Ich antwortete: »Ich habe versucht, nicht auf das Leaderboard zu sehen, aber am neunten Loch habe ich es doch gesehen und gedacht: ›Jesus Christ, ich spiele gut und bin vier Schläge zurück!‹« Das habe ich einfach so dahergeredet, ohne mir etwas dabei zu denken. Ich war damals diesbezüglich noch sehr gedankenlos. ›Jesus Christ!‹ – es war ein Ausdruck der Überraschung, den man in Amerika überall zu hören bekam. Dabei sollte man auch berücksichtigen, dass Englisch nicht meine Muttersprache war und dass mein Englisch damals wesentlich schlechter war als heute.

Als Christ würde ich solche Äußerungen heute als Missachtung des Namens Gottes betrachten, aber damals bei dem Fernsehinterview dachte ich nicht darüber nach. Als ich nach Hause kam, war ich über die Reaktionen überrascht. Ich erhielt viele Briefe von Menschen, die erklärten, ich hätte sie verletzt und solle es mir doch gründlich überlegen, ob ich den Namen Gottes noch einmal so gedankenlos in den Mund nehme würde, und so weiter.

Ich war sehr betroffen, denn für mich war es einfach nur eine Redewendung gewesen, mit der ich bestimmt niemanden hatte verletzen wollen. Zwar war ich selbst damals kein Christ, hatte als Kind aber regelmäßig den Gottesdienst besucht und hätte Christen nie absichtlich beleidigt.

Meine Vorbereitungen auf einen Sieg bei der Masters waren in fast jeder Hinsicht gründlich gewesen, nur in einem Punkt nicht – in Bezug auf meine Garderobe! Es war sicher nicht der geeignete Tag, um eine rote Hose und ein rotes Hemd zu tragen: Als der Vorjahressieger Ben Crenshaw mir in die grüne Jacke half, kommentierte jemand trocken, ich sähe aus wie ein Weihnachtsbaum!

Mein Coach Willi Hofmann war aus Deutschland zur Masters angereist, musste aber vor dem Ende der Schlussrunde aufbrechen, um zur Arbeit am Montag rechtzeitig zurück zu sein. Willi saß buchstäblich schon in der Maschine und wartete auf den Start, als der Flugkapitän mitteilte, dass ich die Masters gewonnen hatte. Irgendwie konnte Willi die Flugbegleiter überzeugen, ihn wieder aus der Maschine zu lassen, damit er an der Feier teilnehmen konnte. Da Willi mein Spiel in den vergangenen neun Jahren geprägt hatte, freute ich mich sehr, dass er bei uns sein konnte.

Danach nahmen Vikki und ich zusammen mit allen Mitgliedern an dem Dinner im Augusta National Club teil, wie es Tradition ist. Dann besuchten wir zwei Australier, bevor wir zu dem Haus zurückkehrten, in dem wir untergebracht waren. Ich hatte Frank Williams und David Inglis in diesem Jahr bei der Australian Masters kennen gelernt, die sie veranstalteten. Sie hatten gewettet, dass ich die Masters gewinnen würde, und $ 3 000 auf den Sieg gesetzt. Als ich siegte, kassierten sie rund $ 100 000 – nicht viel weniger, als ich für den Turniersieg bekam.

Wie Sie sich vorstellen können, war eine ausgelassene Party im Gang, als Vikki und ich eintrafen. Wir blieben eine oder zwei Stunden bei ihnen. Ich fand, dass sie mir wenigstens einen Drink schuldeten!

Als wir an diesem Abend zu Bett gingen, konnte ich vor Aufregung nicht einschlafen. Am nächsten Morgen sprang ich früh aus den Federn und kaufte sämtliche Zeitungen, um mich davon zu überzeugen, dass es tatsächlich passiert war!

Bis zu diesem Zeitpunkt hatte ich in meiner Karriere kontinuierliche Fortschritte gemacht: Qualifikation für die Tour, der erste Sieg, der Spitzenplatz auf der europäischen Geldrangliste, Teilnahme beim Ryder Cup und jetzt ein Majortitel. Jeder hatte mir gesagt, es sei einfach das Größte, Major-Sieger zu sein, und das war auch so – es war ein tolles Erlebnis und ich war wirklich glücklich. Aber es war dennoch nicht so, wie ich es mir vorgestellt hatte; da war noch immer etwas, das mir fehlte – ein Gefühl der Leere.

Ich glaubte, ich hätte alles erreicht, und es war sogar mehr, als ich mir je erträumt hätte. Geld hatte ich, so viel ich nur brauchte, war mit einer schönen jungen Frau verheiratet – ich hatte einfach alles! Und doch war es nicht genug. Es war, als drängte sich die Frage auf: »Na und was jetzt?« Wirklichen Frieden hatte ich nicht. Offenbar fehlte mir immer noch irgendetwas. Früher hatte ich oft gedacht: Wenn du dieses Turnier oder jenes Turnier gewinnst, wenn du so und so viel Geld verdient hast, dann wird es so weit sein. Du wirst dich großartig fühlen. Nun fühlte ich mich zwar sehr gut, aber keineswegs großartig.

Ein weiterer Meilenstein, den ich mir gesteckt hatte, war erreicht. Jetzt würden sich mir große kommerzielle Möglichkeiten bieten. Aber hinter alledem nagte die Frage: War es das? Soll das alles gewesen sein? Ich hatte den Berg bezwungen, aber irgendwie erschien mir der Gipfel nicht so fantastisch, wie ich es erwartet hätte. In mir war eine Leere, die mir sagte, dass das Leben mehr zu bedeuten hatte als das.

Damals verstand ich mich gut mit Bobby Clampett, mit dem ich noch heute befreundet bin. Englischen Lesern ist Bobby als der Mann bekannt, der 1982 die British Open nach zwei Tagen souverän anführte. Am Dienstag nach der Masters spielte ich mit Bobby eine Trainingsrunde in Hilton Head und muss ihm wohl einiges von diesen Überlegungen mitgeteilt haben, denn er meinte: »Warum kommst du nicht morgen Abend mit zu unserer Tour-Bibelgruppe?«

»Was ist denn das?«, fragte ich.

Da erklärte er: »Eine Gruppe von Golfern, ihren Ehefrauen und Freunden, die sich eine Stunde treffen, um gemeinsam die Bibel zu lesen und zu beten.«

Ich war als römisch-katholischer Christ aufgewachsen, wusste also von Gott und fand Gefallen an dieser Idee; also nickte ich: »Klar, ich komme mit.«

Außerdem wollte ich mehr wissen. Als Messdiener in der katholischen Kirche hatte ich den Priester mit der Bibel gesehen, aber nie eine eigene Bibel besessen. Ich hatte mir eingebildet, mein Leben im Griff zu haben; ich glaubte an Gott und hoffte, in den Himmel zu kommen. Doch mit wachsendem Erfolg brauchte ich Gott nicht mehr. Bei einem Leben, wie ich es führte, verliert man sich leicht in äußeren Dingen wie Autos, Häusern, Platzierungen auf der Welt- oder der Geldrangliste und so weiter. Es lag nahe, habgierig, neidisch und selbstbezogen zu werden.

Meine Prioritäten waren Golf, Golf und nochmal Golf; dann kam ich selbst und schließlich blieb noch ein wenig Zeit mit meiner Frau. Ab und zu betete ich auch, aber wenn mein Golfspiel nicht gut war, empfand ich mein ganzes Leben als mies und ließ meine schlechte Laune auch an meiner Umgebung aus.

Bis dahin hatte ich immer angenommen, wenn ich ein guter Mensch wäre und die Gebote hielte, würde mich das hoffentlich in den Himmel bringen. Ich war kein Dieb, ich tötete nicht und ich bemühte mich, niemanden zu verletzen. Aber je mehr Erfolg ich hatte, desto mehr glaubte ich, alles allein schaffen zu können.

Der Leiter der Bibelgruppe, Larry Moody, sprach über das dritte Kapitel im Johannesevangelium. Jesus erklärte Nikodemus, dass er wiedergeboren werden müsse. Die Szene war mir neu, aber es war genau die Botschaft, die ich hören musste. Larry erklärte weiter, was diese Wiedergeburt praktisch zu bedeuten hatte. Ich erkannte erstaunt, dass der einzige Weg zum ewigen Leben über Jesus Christus führt – weil er für unsere Sünden gestorben ist. Und dass man das ewige Leben nicht durch gute Taten oder ein gutes Verhalten erlangt, denn wir können Gottes Maßstab niemals erfüllen. Wir werden immer dahinter zurückbleiben.

Später wandte ich mich öfter an Larry, hatte viele Fragen. Ich besorgte mir eine eigene Bibel und las Abschnitte daraus. Nach einiger Zeit wurde mir klar, dass ich eine Entscheidung treffen musste. Mir war klar geworden, dass Gott mich so sehr liebte, dass er seinen einzigen Sohn sandte, um auch für meine Sünden zu sterben; da war es nur natürlich, dass ich Jesus Christus bat, in mein Leben zu kommen. Im Grunde musste ich ihm einfach vertrauen, dass er meine Sünden vergeben würde. Ich musste ihm den ersten Platz in meinem Leben geben; ich musste alles, was ich tat, in der Absicht tun, ihm zu gefallen; und ich musste aufhören, alles aus eigener Kraft schaffen zu wollen. Das ist mir nicht immer leicht gefallen. Manchmal fiel es mir sehr schwer, weil ich immer noch eine sündige Natur habe. Hinzu kommt das Problem, dass die Maßstäbe der modernen Welt, in der nur Leistung zählt, völlig anders sind, als sie es eigentlich sein sollten.

Jesus sagte: »Ich bin der Weg, die Wahrheit und das Leben und niemand kommt zum Vater außer durch mich.« Wenn man erkennt, was das bedeutet, muss man innehalten, einen Moment darüber nachdenken und dann umkehren und sich wirklich auf das konzentrieren, was man in dieser Welt tut. Kein Mensch in der ganzen Welt ist gut genug, um aufgrund eigener guter Taten in den Himmel zu kommen; aber andererseits ist kein Mensch in dieser Welt so schlecht, dass er nicht durch Jesus Christus gerettet werden könnte. Als ich erkannte, dass Jesus für meine Sünden und für die Sünden aller Menschen gestorben war, musste ich ihm mein Leben übergeben. Mir wurde einfach bewusst, dass dies der wichtigste Schritt war – die wichtigste Entscheidung, die ich je zu treffen hatte. Jesus Christus trat mir in der Bibel mit den Worten entgegen: »Du musst wiedergeboren werden, um in das Reich Gottes zu kommen.« Seit diesem Tag 1985 hat mein Glaube in meinem Leben eine große Rolle gespielt. Er bringt meine Prioritäten in eine andere Reihenfolge. Bevor ich Christ wurde, kreisten meine Prioritäten nur um mich selbst und meine Leistungen auf dem Golfplatz. Jetzt ist es meine höchste Priorität, Gott zu gefallen; dann kommt meine Familie und Golf steht erst an dritter Stelle. Ich glaube, wenn man die richtigen Prioritäten setzt, kann man mit allen Dingen besser umgehen. Natürlich bleibt Golf zu bestimmten Zeiten – etwa wenn ich ein Turnier spiele – in gewissem Sinn die Nummer eins, aber insgesamt versuche ich, den Dingen den richtigen Stellenwert zu geben, damit das Golfspielen in meinem Leben den richtigen Platz behält. Auf diese Weise ist es mir, glaube ich zumindest, gelungen, in meinem Leben das richtige zeitliche Gleichgewicht zu finden und meiner Familie genug Zeit zu widmen, ohne dass mein Golf zu sehr in den Vordergrund tritt.

Manche Leute betrachten das Christentum als eine Art Krücke für schwache Menschen. Das halte ich definitiv für falsch. Ich betrachte mich als einen starken Menschen, aber trotzdem brauche ich Gott in meinem Leben. Das Christentum ist einfach eine Lebensweise, die zum ewigen Leben bei Gott im Himmel führt; ob man schwach oder stark ist oder ob man sich vom Leben begünstigt oder benachteiligt fühlt, hat überhaupt nichts mit dem ewigen Leben zu tun.

Meine Frau Vikki empfand genauso und auch sie nahm Christus als ihren Erlöser an. Seither habe ich enorme Veränderungen in ihrem Leben beobachten können – ebenso wie in meinem eigenen Leben, in unserer Beziehung als Ehepartner und in der Art und Weise, wie wir mit unseren Freunden und anderen Menschen in der Welt umgehen. Die Woche in Hilton Head hat unser Leben verändert; übrigens gewann ich auch das Golfturnier dort, die Sea Pines Heritage Classic.

Die Major-Siege

Bei ausreichend Energie könnte man fast in jeder Woche des Jahres ein Golfturnier spielen. Als Major-Turniere aber zählen nur vier der unzähligen Veranstaltungen: die US Masters, die US Open, die British Open und die US-PGA Championship.

In der British Open vereinigen sich quasi die Geschichte und Tradition des Golfsports dieser Welt; ihre Anfänge gehen zurück bis zum Jahr 1860, als acht Spieler über drei Runden auf zwölf Spielbahnen des Prestwick Golfclubs in Schottland antraten. Die British Open, die immer auf einem Platz nahe der Küste ausgetragen wird, kann Anspruch darauf erheben, das stärkste und repräsentativste Teilnehmerfeld aller Turniere in der Welt aufzuweisen.

Die United States Golf Association wurde 1894 gegründet; ein Jahr später fand die US Open zum ersten Mal statt. Sie wurde an einem einzigen Tag über 36 Löcher ausgetragen und hatte einen geringeren Stellenwert als die US Amateur Championship, die in derselben Woche stattfand und sich über drei Tage erstreckte.

Die US-PGA Championship ist das vierte Major sowohl im Golfkalender als auch – jedenfalls nach dem Urteil der meisten Leute – in Bezug auf seine Bedeutung. Es wurde 1916 als Meisterschaft der US-PGA gegründet, die in demselben Jahr entstanden war. Bis 1957 wurde die Meisterschaft als Matchplay ausgetragen, dann aber wechselte man zum Zählwettspiel.

Das andere Major, die US Masters, nimmt in meiner Laufbahn einen besonderen Platz ein und wurde bereits im vorhergehenden Kapitel beschrieben. Die Majors sind etwas Besonderes, weil die Menschen ihnen spezielle Bedeutung beimessen. Jeder sagt, dass es eben die Majors sind, und weil das so ist, will jeder

Spieler gerade diese Turniere gern gewinnen. Ein Major-Sieg bedeutet zweifellos mehr als jeder andere Turniertitel. Dabei muss man sofort hinzufügen, dass auch die Golfplätze bei den Majors in der Regel außergewöhnlich schwierig sind und die Konkurrenz extrem stark ist. Sämtliche Topspieler aus aller Welt sind dort – es gibt nicht allzu viele Turniere, von denen man das behaupten kann.

Wenn meine Karriere morgen enden würde, wäre ich sehr dankbar für das, was ich bisher erreichen konnte. Meine einzige Enttäuschung ist, dass ich nie die British Open gewonnen habe, zumal es das einzige Major ist, das in Europa stattfindet.

Die British Open wird immer auf einem Küstenplatz ausgetragen (auch *Links-Course* genannt). Im Allgemeinen mag ich Küstenplätze, aber ich habe dort auch schon einige niederschmetternde Erfahrungen gemacht. Man muss akzeptieren, dass Linksgolf nicht immer fair ist, man Ergebnisse erzielt, die man nicht verdient hat. Es ist eine ganz andere Art von Golfspiel und eine sehr natürliche Spielweise. Ich schätze die Herausforderung durch den Wind und das Gelände, dazu die geistige Herausforderung bei der schwierigen Entscheidung, wie man die häufig extrem schweren Löcher angeht. Aber man darf nicht erwarten, dass der Kurs fair ist. Es kommt immer wieder vor, dass man einen ausgezeichneten Schlag gemacht hat, nur um dann zusehen zu müssen, wie er auf einem der typischen kleinen Buckel landet oder nach einem Aufprall auf den in der Regel knallharten Fairways völlig von der Linie abkommt. Manchmal sind die Bunker so tief, dass es fast unmöglich ist, den Ball ohne Schlagverlust herauszuspielen.

Es lässt sich nicht leugnen, dass ich durchaus Siegchancen hatte. Bei meiner ersten British Open 1976 in Royal Birkdale verpasste ich den Cut nach Runden von 82 und 79 Schlägen, trotzdem bedeutete es damals schon einen gewaltigen Schritt nach vorn, überhaupt teilzunehmen. 1978 in St. Andrews verpasste ich den Cut erneut nach Runden von 78 und 73 Schlägen. Als ich

1980 zum dritten Mal antrat, spielte ich immerhin alle vier Runden und landete auf Platz 51. Nichts Besonderes, aber es war mein erster Cut bei einem Major und damit ein weiterer Meilenstein. 1981 wurde ich Zweiter hinter Bill Rogers in Sandwich. Wenn man Zweiter wird, muss man eine Chance auf den Sieg gehabt haben, aber für einen Major-Sieg war ich damals einfach noch nicht bereit. Ich war noch etwas zu jung und unerfahren, um zu siegen, obwohl ich gut spielte. Wahrscheinlich hat mir damals auch der Glaube an die Machbarkeit des Sieges gefehlt.

1984 in St. Andrews wurde ich Zweiter. Den Old Course in St. Andrews spiele ich ohnehin gerne. Wenn man die Fairway-Bunker meidet, ist ausreichend Platz für die Drives. Nach einem gelungenen Drive hat man obendrein meistens einen besseren Winkel beim Schlag aufs Grün. Mir gefällt auch der Variantenreichtum an möglichen Schlägen rund ums Grün. Letztere sind recht gut, wenn auch zum Teil so riesig, dass ich einmal einen Putt aus über siebzig Metern hatte. Ein sehr schwieriger Schlag, weil man ihn nie übt.

1984 begann ich den dritten Tag nach Runden von 71, 68 und 68 Schlägen mit zwei Schlägen hinter Tom Watson und gleichauf mit Seve. Watson fiel am Sonntag mit einer 73 zurück.

Ich spielte in der Schlussrunde mit Seve, die sich mehr und mehr zu einem Matchplay zwischen uns beiden entwickelte. Ich spielte großartig, lochte aber so gut wie nichts. Vom Abschlag bis zum Grün war ich immer vorne dran, aber er lochte die entscheidenden Putts im Gegensatz zu mir und gewann am Ende mit zwei Schlägen Vorsprung. Letztendlich spielte ich eine 71 gegen Seves 69 – so nahe dran und doch so weit vom Sieg entfernt. Hätte ich wenigstens halbwegs vernünftig geputtet, wäre mir der Sieg mit zwei oder drei Schlägen Vorsprung nicht zu nehmen gewesen. Der Putter ist eben einfach der wichtigste Schläger in der Golftasche.

1985 wiederholte sich das Ganze: Mit Runden von 72, 69 und 68 teilte ich die Führung mit David Graham und lag drei Schläge vor dem Feld. Ich verfehlte einen kurzen Putt am ersten Loch, hatte dann bei zwei oder drei der frühen Bahnen stark versprungene Bälle und musste den ganzen Tag kämpfen. Das Endergebnis war eine 75, mit der ich um zwei Schläge verlor. Schon bei zwei über Par hätte ich gewonnen, schloss aber mit fünf über Par für die Runde.

Einmal wurde ich gefragt, welchen Schlag in meiner Karriere ich gern wiederholen würde, wenn ich es könnte. Ich erwiderte, es wäre der erste Putt am ersten Loch in der Schlussrunde bei der Open 1985. Ich würde den Putt einlochen, dann weiterspielen und gewinnen. Es war nur teilweise als Scherz gemeint.

Die Tatsache, dass ich diesen kurzen Putt – etwa 1,20 Meter – verfehlt hatte, brachte mich etwas aus der Fassung. Dann hatte ich einige schlimme Breaks – etwas, das in Sandwich sehr leicht passieren kann. Auf der vierten Spielbahn, einem Par-4-Loch von 420 Metern, gelang mir ein gutes Eisen 1, das links vom Grün aufkam; es wäre die ideale Lage gewesen, um den Ball dann bergab zur Fahne zu spielen. Aber der Ball traf einen »Marshal« am Fuß und prallte in die andere Richtung ab.

Auf der nächsten Bahn machte ich einen guten Abschlag, aber der Ball rollte gerade noch vom Grün herunter und dann den Hang abwärts, bis er in einer schrecklichen Lage im Rough landete. Solche Sachen passierten drei- oder viermal. Normalerweise gleichen sich solche Dinge aus, aber an diesem Tag lief so ziemlich alles gegen mich.

Am letzten Loch brauchte ich schließlich ein Birdie, um zu Sandy Lyle aufzuschließen und ein Stechen zu erzwingen. Mein Annäherungsschlag war etwas zu fest geschlagen, landete rechts von der Fahne, lief über das Grün ins lange Gras. Ich machte den Schlag so gut ich konnte, und als ich den Ball beobachtete, schien er genau auf das Loch zuzulaufen. Am Ende streifte er die Lochkante und blieb zwei Meter dahinter liegen. Den folgenden Putt habe ich prompt auch noch verfehlt.

An diesem Tag geriet ich fast in Schwierigkeiten. Ich hatte

morgens einen Sweater mit dem üblichen kleinen Hugo-Boss-Logo auf der Vorderseite übergestreift. Dabei hatte ich aber nicht bemerkt, dass auch auf dem Rücken in riesigen Buchstaben der Firmenname stand. Offenbar bemühten sich die Fernseh-Kameraleute den ganzen Tag, mich zu filmen, ohne die Rückseite meines Sweaters ins Bild zu bekommen! Die Regeln verlangen nämlich ausdrücklich, dass das Logo eines Sponsors eine bestimmte Größe nicht überschreiten darf.

Im Laufe der Zeit stand ich bei vielen Sponsoren unter Vertrag, darunter Lufthansa, Hugo Boss, Linde, Mercedes Benz, American Express, Ebel, Jaguar und Lacoste. Einmal bot mir eine Firma für Hundefutter einen Vertrag an. Ich lehnte ab, da ich keinen Hund habe; allerdings habe ich in manchen Situationen wie einer gespielt!

Rückblickend wäre es für mich relativ leicht gewesen, entweder 1984 oder 1985 die British Open zu gewinnen. Während Greg Norman die British Open 1986 in Turnberry mit seiner herausragenden zweiten Runde von 63 gewann, vergab ich jede Chance mit einer 73 in der dritten Runde. Am Ende wurde es der dritte Platz, sechs Schläge hinter Greg. Allerdings erlebte ich in dieser Woche einen viel größeren »Sieg« mit der Geburt unseres ersten Kindes, einer kleinen Tochter, die wir Jackie nannten. Da ich Aussichten hatte, das Turnier zu gewinnen, zettelte Vikki eine regelrechte Verschwörung an, um alles vor mir geheim zu halten, und ging ohne mein Wissen ins Krankenhaus.

1993 wurde die British Open wieder in Sandwich ausgetragen – einer meiner Lieblingsplätze bei der British Open – und wieder erreichte ich eine gute Platzierung. Einen kleinen Einblick von den Spielbedingungen 1993, und vielleicht auch eine Vorstellung von der weiteren Entwicklung im Golfsport, erhält man, wenn man vergleichend feststellt, dass Bill Rogers 1981 mit einem Score von 276 und Sandy Lyle 1985 (bei windigem Wetter) mit einem Score von 282 siegte. 1993 hätte ein Score von 276 nicht einmal für die Top Ten gereicht! Der Score des Siegers lag bei 267.

Nach einer Eröffnung von 67, 66 und 70 lag ich einen Schlag hinter Nick Faldo und Corey Pavin und gleichauf mit Greg Norman. Nick und ich schlossen mit einer 67 – aber Greg galoppierte uns mit einer 64 davon. Corey spielte die 70. Mir sind eigentlich kaum Fehler passiert, aber wenn ein anderer am letzten Tag eine Runde von sechs unter Par spielt, hat er den Sieg wirklich verdient.

Meine nächste Chance auf einen Sieg hatte ich 2001 in Royal Lytham. Ich ging als einer der beiden führenden Spieler in die letzte Runde und spielte mit David Duval, der das Turnier für sich entscheiden konnte. Es machte Spaß, um den Sieg zu kämpfen. David spielte sehr gut und hatte ab und an auch das nötige Quäntchen Glück. Drei oder vier seiner Schläge hätten auch ein ganz anderes Ende nach sich ziehen können.

Mein Spiel war nicht wirklich gut genug, verloren habe ich vor allem auf den Par-5-Bahnen, die ich eins über Par statt der angestrebten zwei unter Par absolvierte. Das hat meine Chancen deutlich reduziert. Trotzdem war es gutes Golf, den größten Teil der Woche war ich ziemlich konstant. Keine Frage, es hat Spaß gemacht, wenn ich das Turnier auch immer als verpasste Chance betrachten werde.

Ich habe die US Masters zweimal gewonnen, bei den anderen amerikanischen Majors war ich nie wirklich ganz nahe dran. Die US Open hat sich als ein Turnier erwiesen, das für Europäer schwer zu gewinnen ist – Tony Jacklin war 1970 der letzte Europäer, der diesen Titel holen konnte. Ich bin wohl hundertmal gefragt worden, warum es Europäern so schwer fällt, bei der US Open gut zu spielen, aber ich weiß bis heute nicht, was ich auf diese Frage antworten soll.

Wer vorne dabei sein will, braucht auf jeden Fall gerade, lange Drives. US-Open-Plätze haben grundsätzlich extrem enge Fairways und außergewöhnlich hohes Semirough und Rough. Das ist ein Grund für das Problem, denn in Europa werden Golfplätze normalerweise nicht so angelegt. Wir Europäer sind an diese Spielbedingungen nicht gewöhnt und haben deshalb oft mit den Roughs zu kämpfen. Normale Chips kann man so gut wie nie spielen, und selbst wenn man das Grün nur knapp verfehlt, landet man wahrscheinlich tief im Rough und muss den Ball regelrecht ausgraben.

Allerdings haben sich die Dinge insofern geändert, als auch die europäischen Plätze mit engeren Fairways und mehr Rough immer stärker an die amerikanischen Verhältnisse angepasst werden. Das könnte bedeuten, dass europäische Spieler in Zukunft bessere Ergebnisse bei der US Open erzielen werden.

1987 wurde ich zumindest Vierter hinter Scott Simpson im Olympic Club, San Francisco, und hatte Siegeschancen. Ich erinnere mich an einen Schlag, mit dem ich eine Zitrone an einem Baum traf; der Ball plumpste senkrecht herunter, ich spielte ein Bogey. An einem anderen Tag hätte der Ball die Zitrone vielleicht verfehlt und wäre 100 Meter weiter geflogen. Statt Runden von 69, 69, 73 und 72 Schlägen hätte ich wohl viermal eine 69 gebraucht, um tatsächlich zu gewinnen.

Ein Jahr vorher, als Ray Floyd in Shinnecock Hills den Titel holte, spielte ich ziemlich gut und kam auf Rang 8. Auch da gab es Chancen, aber ich kam einfach nicht oft genug mit dem zweiten Schlag aufs Grün, um dann zum Birdie einzulochen. Stattdessen traf ich ein ums andere Mal einen Bunker oder das Rough und kassierte ein Bogey. Um die US Open zu gewinnen, muss man einfach gut driven und putten. Vier Tage in Folge ist mir beides zusammen mit Konstanz nie gelungen.

Das vierte Major, die US-PGA Championship, wechselt den Golfplatz jedes Jahr und das Setup ist jedes Mal ein wenig anders. Die Plätze werden oft ähnlich schwer präpariert wie bei der US Open, manchmal sind die Fairways aber zumindest etwas breiter und das Rough fällt etwas weniger bestrafend aus. Vielleicht wird die genaue Entscheidung über den Zustand des Platzes bei diesem Turnier stärker als bei der US Open am Design des Platzes ausgerichtet.

Bei der US-PGA hatte ich nie Siegchancen und kam nicht einmal unter die ersten zwanzig. Für mich liegt das Problem beim Spielen zum Teil darin, dass ich im August in Europa meine Ausgangsbasis habe. Reist man aber erst Sonntag oder Montag an, kämpft man einfach mit dem Jetlag und muss sich erst daran gewöhnen, einen ganz anderen Golfplatz zu spielen. Um eine echte Chance auf den Sieg zu haben, müsste man eine oder zwei Wochen vorher da sein. Die Leistungsdichte bei den 150 besten Golfern der Welt ist inzwischen so hoch, dass man sich kleinere Schwachstellen wie Müdigkeit oder fehlende Einstellung auf den Platz kaum leisten kann.

Nehmen wir im Vergleich dazu die Masters im April: Im März und April bin ich immer in den USA; deshalb fällt mir die Vorbereitung erheblich leichter. Mag sein, dass dies in Zukunft auch für die US-PGA gilt, nachdem ich inzwischen ganzjährig in den USA lebe.

Es lässt sich kaum abstreiten, dass ich inzwischen eher dem Herbst meiner Karriere entgegengehe – trotzdem bleibt die Hoffnung, ein weiteres Major zu gewinnen, am liebsten die British Open. Vielleicht ist mein Wunsch einfach zu groß, sodass ich mich zu sehr anstrenge und das Spiel mir entgleitet, weil ich mich selbst zu stark unter Druck setze. Vielleicht gleiche ich darin Ivan Lendl, der im Tennis sämtliche Titel holte, aber nie in Wimbledon gewinnen konnte.

Der Ryder Cup

Der Ryder Cup ist ein dreitägiger Wettkampf zwischen zwölf Golfern aus den USA und zwölf aus Europa. Das Match findet alle zwei Jahre statt, wechselweise in Europa und in Amerika. Benannt ist es nach Samuel Ryder, der 1920 die erste Trophäe stiftete, hat also eine lange Tradition und ist ein wichtiger Termin im Golfkalender. An den ersten zwei Spieltagen werden jeweils vier Klassische Vierer und vier Vierball-Bestball gespielt. Das bedeutet, dass immer nur acht Spieler aus jedem Team gleichzeitig beteiligt sind. Am letzten Tag, dem Sonntag, tritt jeder zum Einzel an, es werden also zwölf Punkte vergeben. Insgesamt werden 28 Matches gespielt, sodass eine Mannschaft – bei Anrechnung von einem Punkt pro Sieg – insgesamt eine 14,5 braucht, um den Ryder Cup zu gewinnen.

Für die Spieler ist es ein einzigartiges Ereignis. Der Trubel um das Turnier herum ist extrem – Zeitungen und Golfzeitschriften schüren die Spannung schon Monate im Voraus, sodass das Interesse an der Veranstaltung enorm wächst. Da nur zwölf europäische Spieler in die Mannschaft aufgenommen werden können, besteht die höchste Priorität in einem Ryder-Cup-Jahr darin, sich einen Platz unter diesen Zwölfen zu sichern. Die Top Ten auf der europäischen Geldrangliste sind automatisch qualifiziert, während die anderen beiden Spieler vom Teamchef gewählt werden.

Profigolfer sind es gewohnt, unter Druck zu spielen. Der Druck, Putts zu machen, bei denen es um eine Menge Geld geht, ist wöchentliche Routine, immer wird man von Tausenden dabei beobachtet. Der wesentliche Unterschied beim Ryder Cup aber ist, dass man nicht nur für sich selbst spielt, sondern für seine Mannschaft und für seinen Kontinent. Meine Erfahrung mit Teamgolf war jedenfalls minimal, als ich mich 1981 zum ersten Mal für die Ryder-Cup-Mannschaft qualifizierte. Ich war viel mehr daran gewöhnt, nur für mich selbst zu spielen.

Ein manchmal nicht zu unterschätzendes Problem bei der ganzen Ryder-Cup-Hysterie ist, dass inzwischen auch alle Spieler etwas überdreht sind. Es wäre weit besser, wenn man den Ryder Cup genauso behandeln würde wie alle anderen Turniere. Das aber lässt sich kaum verwirklichen, wenn die ganze Umgebung unter Hochspannung steht –, ruhig und konzentriert zu bleiben, wird schwierig und das Golfen damit auch. Es ist wesentlich schwerer, für ein Team zu spielen als nur für sich selbst.

Teamspiel macht mir großen Spaß, aber es ist sicher mit zusätzlichem Druck verbunden. Wenn man für sich selbst spielt und einen Fehler macht, ist man nur selbst der Verlierer. Im Ryder Cup kommt aber noch das Gefühl hinzu, den Spielpartner und die Mannschaft enttäuscht zu haben – eine ganz andere Art von Druck.

Bei den meisten anderen Turnieren verhalten sich die Zuschauer neutral: Applaus für gute, Schweigen bei schlechten Schlägen, das sind die üblichen Reaktionen. Beim Ryder Cup werden die Mengen ziemlich nationalistisch und einseitig, sogar bei Fehlern der Gegenmannschaft wird applaudiert. Findet der Ryder Cup also in den USA statt, mache ich durchaus die sehr seltsame Erfahrung, dass die Menge in Jubel ausbricht, wenn ich im Bunker gelandet bin oder einen Putt verfehlt habe. Was die Emotionen anbelangt, ist der Ryder Cup eben, verglichen mit einem normalen Turnier eine andere Welt.

Klassischer Vierer (zwei Spieler schlagen abwechselnd mit demselben Ball) ist so ziemlich die schwierigste Art, Golf zu spielen. Man schlägt nur etwa alle zehn Minuten einen Ball und da fällt es schwer, den eigenen Rhythmus zu halten. Es kommt vor, dass man über drei oder vier Spielbahnen hinweg weder Putts noch Drives macht. Beim Vierball-Bestball dagegen spielt jeder Golfer seinen eigenen Ball, und jeweils das beste Ergebnis der beiden Spielpartner wird pro Loch angerechnet. Ein Fehler spielt längst nicht die große Rolle, immer vorausgesetzt, der Partner liefert ein gutes Ergebnis ab. Beim Klassischen Vierer dagegen zählt jeder Schlag, und dadurch entsteht der stärkste Druck, den ich mir im Golf vorstellen kann.

Offenbar gehöre ich zu den Teilnehmern mit den besten Ergebnissen bei Ryder-Cup-Vierern. Warum das so ist, kann ich mir nicht recht erklären. Schon deshalb nicht, weil ich es bei sechzehn Vierern auf elf verschiedene Partner gebracht habe, man also keineswegs davon reden könnte, irgendeine spezielle Siegerpaarung gefunden zu haben, die immer wieder angetreten wäre. Eine Erklärung für die Bilanz mag sein, dass ich ein konstanter Golfer bin und beim Klassischen Vierer ein Par oft ein guter Score ist; beim Vierball dagegen muss man bei vier guten Spielern, die auf das Grün schlagen, damit rechnen, dass einer ein Birdie schafft.

Was die Frage der Partnerwahl anbelangt, so gibt es Golfer, die gern mit bestimmten Partnern spielen. Europa zum Beispiel hatte schon großartige schwedische und spanische Zweier. Ich habe dem Kapitän immer gesagt: »Mir ist es egal, mit wem ich spiele – setz mich ein, wie du es für richtig hältst.«

An den drei Spieltagen werden insgesamt fünf Match-Serien gespielt, in einigen Fällen war ich bei allen im Einsatz, was allerdings äußerst anstrengend ist. Manchmal nämlich nimmt die Vormittagsrunde einen ziemlich langsamen Verlauf; gehört man dann zu einem der späten Flights und spielt auch noch bis zum achtzehnten Loch, kann es durchaus vorkommen, dass man buchstäblich weiter zum ersten Tee geht, weil man bei den Nachmittags-Matches vielleicht zu den ersten Paarungen gehört. Ich glaube nicht, dass mein Körper bei zunehmendem Alter noch alle fünf Matches durchhalten kann. Deshalb bin ich auch gerne bereit, bei einer der Serien auszusetzen.

Mein erster Ryder Cup 1981 fand in Walton Heath statt. Die USA hatten ein sehr starkes Team und siegten mühelos mit

18,5 : 9,5. Die USA waren damals seit 1957 Dauersieger, was das Ganze für die Europäer psychologisch nicht eben einfacher machte. Mein Ryder-Cup-Debüt machte ich mit Manuel Pinero gegen Larry Nelson und Lee Trevino – wir verloren um ein Loch. Ich zitterte und war wirklich nervös, so wie es wahrscheinlich 95 Prozent aller Ryder-Cup-Debütanten ergeht. Beim ersten Ryder Cup in der ersten Runde richtig gutes Golf zu spielen, ist alles andere als einfach.

Das Problem war, dass die meisten von uns überhaupt nicht an eine Siegeschance glaubten. Wir hatten 25 Jahre hintereinander verloren, die Amerikaner hatten ein starkes Team und unsere gesamte Einstellung war völlig anders. Heute gehen die Spieler viel positiver an die Sache heran. Sie wissen, dass sie in den letzten fünfzehn Jahren so oft gewonnen haben wie die Amerikaner, und treten mit der Einstellung an, zu siegen, statt zu fragen: »Mit wie viel Schlägen Abstand werden wir wohl verlieren?« Ich erinnere mich noch, wie wir versuchten, mit nur fünf Punkten Rückstand statt mit zehn zu verlieren.

Bei meinem ersten Ryder Cup hatte ich Ehrfurcht vor Leuten wie Jack Nicklaus und Tom Watson. Später, nachdem ich gegen die besten Golfer der Welt angetreten war und sie genauso oft geschlagen hatte, wie ich von ihnen besiegt wurde, änderte sich meine Sichtweise. Anfangs aber war ich sehr nervös und wusste eigentlich nicht so recht, was ich zu erwarten hatte. Rückblickend würde ich meine Leistung als ordentlich, aber nicht als herausragend bezeichnen.

Manúel Piñero blieb auch am zweiten Tag in Walton Heath mein Spielpartner. Wir schlugen Ray Floyd und Hale Irwin im Vierball-Bestball, verloren aber gegen Nicklaus und Watson im Klassischen Vierer. Es war eine tolle Erfahrung, schon deshalb weil ich mich an diesen zwei Tagen mit einigen der herausragendsten Golfer jener Zeit messen konnte. Abschließend teilte ich mein Einzel mit Bruce Lietzke. Insgesamt spielten die Amerikaner äußerst erfolgreich. Sandy Lyle zum Beispiel lag im Einzel neun unter Par und verlor trotzdem gegen Tom Kite, der elf unter Par spielte.

1983 fand der Ryder Cup im PGA National in Palm Beach Gardens statt. Der Verlauf war deutlich knapper. Ich kam fünfmal zum Einsatz, bestritt die Vierer mit Nick Faldo als Partner. Das war eine wirklich gute Woche. Ich mochte den Golfkurs, mein Schwung war gut, ich war zufrieden mit meinem Spiel und die Zusammenarbeit mit Nick klappte prima. Wir gewannen drei unserer vier Matches.

Es war das erste Jahr, in dem ich uns Chancen auf den Sieg im Ryder Cup ausrechnete. Wir gingen mit 8:8 in den letzten Tag. Ich gewann mein Einzel gegen Gill Morgan, aber am Ende verloren wir ganz knapp mit 14,5:13,5. Das Turnier entschied sich erst im letzten Match, als Bernard Gallacher am 17. Loch gegen Tom Watson verlor. Aber wenn ein Ergebnis so extrem knapp ist, dann gibt es immer ein oder zwei Matches, die anders hätten ausgehen können und den Ausschlag in die andere Richtung gegeben hätten.

Trotzdem: Unser Team war begeistert, weil wir wussten, dass wir dem Sieg viel näher gekommen waren, als die meisten Leute erwartet hatten. Schließlich hätten wir die Amerikaner fast auf heimatlichem Boden besiegt. Diese Zuversicht begleitete uns, wir dachten, dass wir in The Belfry 1985 eine sehr gute Chance haben würden.

1985 spielte ich alle fünf Runden und hatte vier verschiedene Partner. Meine Bilanz lag bei zwei Siegen, einer Niederlage und zwei geteilten Matches. In dieser Woche spielte ich sehr gut, besonders in den Einzeln. Hal Sutton jedenfalls schlug ich mit fünf und vier. Ein Match mit spektakulärem Ende, weil mein Schlag an die Fahne an Bahn 14 nur wenige Zentimeter neben dem Loch liegen blieb.

Diese Woche in Belfry war ein anschauliches Beispiel für den besonderen Charakter des Matchplays im Golfsport. Im Vierball-Bestball lagen Sandy Lyle und ich auf dem achtzehnten Grün einen Schlag hinter Craig Stadler und Curtis Strange. Craig brauchte nur noch einen Putt über 60 Zentimeter einzulochen. Eigentlich war es ein Putt, den man nicht mehr lochen lässt. Sandy und ich dachten zuerst: »Wir schenken ihm den und gehen.« Aber dann sagten wir: »Wir wissen, dass wir verloren haben, aber lassen wir ihn den Ball einlochen.« Unglaublicherweise misslang ihm der Putt – der Ball lippte aus – und wir teilten das Match. Das beweist nur, welche verrückten Dinge passieren können und dass ein Spiel erst vorbei ist, wenn es wirklich zu Ende ist.

Bis dahin war ich in Belfry nie gut gewesen und es war nie einer meiner Lieblingsplätze. Es war toll, gut zu spielen, aber das Wichtigste war, dass das Team gut spielte. Ausgerechnet zu der Mannschaft zu gehören, die zum ersten Mal nach 28 Jahren den Ryder Cup gewann, war fantastisch. Die Tatsache, dass ich drei Punkte beitragen konnte, obwohl ich mit vier verschiedenen Partner gespielt hatte, kennzeichnete mich wahrscheinlich als einen guten Teamspieler. Europa gewann 16,5 : 11,5.

1987 gingen wir in der Hoffnung nach Muirfield Village, noch eins drauflegen zu können, um die Amerikaner auf eigenem Terrain zu schlagen. Wieder spielte ich alle fünf Matches. Muirfield Village gefiel mir sehr, es erinnerte mich in vielen Details an Augusta. Allerdings verlor ich beide Vierer am ersten Tag mit Ken Brown.

Nach den ersten zwei Stunden am ersten Vormittag lagen die USA drei auf im ersten und zweiten Match, vier auf im dritten und zwei auf im vierten. Es war nicht ganz der Einstieg, den wir geplant hatten. Die nächsten zwei Stunden verliefen besser, es gelang uns, erfolgreich zu kontern, sodass wir den Vormittag 2 : 2 beendeten.

Die nächsten drei Runden bestritt ich allesamt als Partner von Sandy Lyle – wir gewannen jedes Mal. Sandy und ich spielten ein

Golf, das zum Besten gehörte, das ich in meinem Leben erlebt habe. Unabhängig davon, dass wir beide sehr gut spielten, passten wir auch noch brillant zusammen. Einige der Schläge, die Sandy spielte, konnte ich kaum fassen. Das Eisen 2 zum Beispiel schlug er fast gerade hoch in die Luft, es flog gut 220 Meter weit. Einen Schlag wie diesen beherrschen wenige, und ich gehöre nicht dazu!

Im Vierball-Bestball am zweiten Tag gegen Larry Nelson und Lanny Wadkins lagen wir eins auf, als wir zur Achtzehn kamen. Alle vier Drives trafen das Fairway, aber meiner war am längsten. Larry Nelson spielte zuerst und traf das Grün. Sandy setzte seinen Ball ebenfalls auf das Grün, und zwar näher an die Fahne als Nelson. Wadkins, der unter Druck großartig spielen kann, hatte schon zwei Birdies gemacht. Sein Schlag löste ein lautes Raunen auf der Tribüne aus, ohne den Ball gesehen zu haben, wusste ich, dass es eng wurde. Ich hatte 135 Meter zur Fahne und es sah so aus, als bräuchten wir eine Drei für den Sieg. Mein Eisen 8 war ziemlich gut getroffen, der Ball war genau auf der Linie, landete auf dem Grün und stoppte neben der Fahne, noch näher als Lannys Ball – sie mussten ihn uns einfach schenken. Die Atmosphäre war wie elektrisiert und es gab einen unbeschreiblichen Lärm.

Ich erinnere mich, dass die amerikanischen Zuschauer sehr still wurden, als wir am ersten Tag in Führung gingen. Ich schätze, dass etwa 2000 Europäer und 10000 Amerikaner dabei waren, aber es waren die Europäer, die den ganzen Lärm veranstalteten. Die amerikanische Presse drängte die Zuschauer, sich hinter die Mannschaft zu stellen. Der nächste Tag war vor allem insofern unglaublich, als die meisten amerikanischen Verbandsfunktionäre und die Ehefrauen der Golfer Flaggen schwenkten und »U-S-A« skandierten. Eine sehr seltsame Erfahrung, wie ich sie beim Ryder Cup nie erlebt hatte. Etwas übertrieben, wie ich fand.

Es ist schon komisch, wie das Los ständig dieselben Spieler zusammenbringen kann; ich spielte in dieser Woche geschlagene dreimal gegen Larry Nelson. Mein Einzelmatch gegen ihn war ein ständiges Kopf-an-Kopf-Rennen. Permanent ging es hin und her, aber viel Luft war nie drin. Am achtzehnten Loch lagen wir even. Jeder von uns hatte einen Putt von etwa 70 Zentimetern; wir sahen einander nur an und meinten: »Gut, gut!« Dann schüttelten wir uns die Hand und gingen auseinander. Larry und ich sind Freunde und ich denke, wir empfanden beide: »Ich möchte diesen Putt nicht verfehlen, aber genauso wenig will ich, dass du deinen verfehlst.« In diesem Augenblick war es mir zwar nicht bewusst, aber dieser halbe Punkt brachte uns auf vierzehn Schläge und bedeutete damit, dass wir zwar noch nicht gewonnen hatten, aber auch nicht mehr verlieren konnten.

All das gehört wieder zum besonderen Reiz des Ryder Cups. Selbst in der spannendsten Wettkampfsituation, die man sich vorstellen kann, möchte man nicht, dass der Gegner – häufig ein Freund – ein Match durch einen einzigen verfehlten Putt verliert und für den Rest seiner Karriere damit leben muss. Ich habe oft auf der US-Tour gespielt und mit einer ganzen Reihe amerikanischer Golfer Freundschaft geschlossen; es gibt also keine Feindseligkeit zwischen uns. Anders gesagt: Verlieren will ich zwar nicht gegen sie, aber es sollte ein klarer und fairer Sieg sein, nicht einer, der unter kontroversen Umständen zustande kommt.

1989 endete das Match 14:14 – wir behielten den Ryder Cup. Trotzdem war es eine enttäuschende Woche für mich. Ich spielte dreimal und verlor dreimal, fand nie richtig zu meinem Spiel und hatte einfach nicht das Selbstvertrauen. Gewöhnlich spielte ich vier- oder fünfmal, aber in dieser Woche hatte ich dem Teamchef gesagt, er solle mich pausieren lassen, weil ich fand, dass ich nicht gut spielte.

Es gab einige Dinge in dieser Woche, die mir nicht gefielen und die bedauerlicherweise seither noch schlimmer geworden sind. Es missfiel mir, dass die Zuschauer jubelten, wenn ein amerikanischer Spieler seinen Ball ins Wasser schlug. Meiner Meinung nach hat so etwas im Golf nichts zu suchen. Wenn die Amerikaner ins Wasser schlugen, half das zwar meinem Team, aber das ist für mich noch lange kein Grund zu jubeln. Bei keinem anderen Turnier würde man erleben, dass die Menge jubelt, wenn der Ball irgendeines Spielers ins Wasser geht.

Meine Frau Vikki ist Amerikanerin, und so ist der Ryder Cup für sie keine leichte Woche. Manchmal gibt es in unseren Teamräumen abfällige Bemerkungen über das amerikanische Team oder die amerikanischen Zuschauer, und das muss sie ein wenig verletzen. Vikki ist stolz auf ihr Land und es ist nicht schön, Leuten zuhören zu müssen, die schlecht über die eigene Heimat reden.

In den ersten Jahren war es schon schwierig, da sie noch nie in einer solchen Situation gewesen war. Sie hielt sicher zu den Europäern, wollte aber auch, dass die beste Mannschaft gewann. Mit der Zeit fiel es ihr leichter. Manchmal ist die Eröffnungszeremonie für sie eine etwas seltsame Situation. Wenn sie die amerikanische Flagge – ihre Flagge – sieht, muss sie daran denken, dass es für diese Woche nicht ihre Flagge ist. Dasselbe gilt, wenn sie die amerikanische Hymne hört; aber sie hat gelernt, das Ganze nicht todernst zu nehmen, sondern eben als Golfturnier zu betrachten.

Neu eingeführt wurde beim Ryder Cup 1989 ein Gottesdienst, den wir am Sonntagmorgen hinter dem neunten und achtzehnten Grün feierten. Die Idee ergab sich durch ein Gespräch, das ich mit Bruce Gillingham führte, der damals die Bibelgruppe auf der European Tour leitete. Ich erkundigte mich bei der PGA, die uns die Genehmigung gab. Der einzige europäische Golfer, der teilnahm, war ich, aber mehrere amerikanische Kollegen waren ebenfalls da. Chris de Burgh, der gerade in der Nähe im Hotel wohnte, kam und sang im Gottesdienst, sodass wir großartige Musik hatten. Es war eine recht große

Ansammlung an diesem Morgen, da mehrere hundert Zuschauer früh eingetroffen waren, um sich Plätze hinter den zwei Grüns zu reservieren, wo sich später an diesem Tag so dramatische Szenen abspielen sollten.

Bernhard Langer liest aus der Bibel während des Gottesdienstes beim Ryder Cup 1993. Im Hintergrund Corey Pavin (US-Team).

1991 wurde der Ryder Cup auf Kiawah Island ausgetragen. In Bezug auf die Atmosphäre zwischen den Spielern und die Feindseligkeit der amerikanischen Zuschauer war es einer der schlimmsten Ryder Cups, die ich erlebt habe. Einige amerikanische Zeitungen betitelten es als »Krieg an der Küste«. Darüber war ich sehr unglücklich. Es ist kein Krieg; es ist ein Spiel. Corey Pavin erntete einige Kritik, weil er die Menge aufhetzte und eine Militärjacke trug. Paul Azinger und Seve gerieten in einen Streit über eine Regel und schrien sich gegenseitig an.

Nichts von alledem sollte auf dem Golfplatz vorkommen. Es gibt Organisatoren und Platzrichter, die entscheiden sollten, was richtig und was falsch ist. Natürlich sollte man um den Sieg kämpfen, gleichzeitig aber auch den Charakter des Spiels wahren. Aus meiner Sicht uferte die ganze Gelegenheit völlig aus, die Zuschauer benahmen sich ziemlich rüpelhaft. Die ganze Sache war völlig überzogen.

Am ersten Tag spielte ich Vierer mit Mark James, verlor aber gegen Ray Floyd und Fred Couples. Am nächsten Tag schlugen Colin Montgomerie und ich Steve Pate und Corey Pavin. In den Einzeln vertraute mir der Kapitän völlig und schickte mich als Letzten auf den Platz, sodass ich unter Umständen das Match entscheiden musste. Mein Gegner war der zweifache US-Open-Sieger, Hale Irwin. Als ich ans 15. Loch kam, führten die Amerikaner mit einem Punkt, im Falle meines Sieges würde die Trophäe also in Europa bleiben, da wir den Titel hielten.

Ich war nach fünfzehn Bahnen zwei down, entschied aber Loch sechzehn und siebzehn für mich. Alles hing schließlich vom letzten Putt am letzten Loch im letzten Match des letzten Tages ab. Auf der Achtzehn kam ich mit zwei Schlägen aufs Grün, hatte aber noch einen langen Putt. Den schlug ich ein wenig zu hart und der Ball war etwas lang. Ich konnte also sehen, wie der Ball sich auf der anderen Seite des Lochs verhielt und was er wahrscheinlich bei meinem Return tun würde.

Hale machte seinen Putt und er endete etwas über einen

Meter zu kurz. Ich schenkte ihm den Putt und musste danach aus circa drei Metern einlochen, um das Match zu gewinnen. Anschließend fragten viele meiner Kollegen, warum ich ihm den Putt geschenkt hatte. Sie sagten, da Hale auf den letzten Bahnen einige Schwierigkeiten gehabt hatte, wäre es durchaus möglich gewesen, dass er den Putt verpatzen würde. Meine Antwort war immer, dass ich einfach getan hatte, was mir richtig erschien. Ich wollte nicht, dass er den Putt verpatzte – ich wollte, dass ich gegen ihn gewann. Ich hätte ihm den Putt nicht geschenkt, wenn er so lang gewesen wäre, dass ich ihn berechtigterweise hätte auffordern können, den Putt auszuführen.

Meine Putts liefen an diesem Tag ganz gut. Ich hatte schon drei- oder viermal einen längeren Putt eingelocht, als ich ihn nun am achtzehnten Loch zu spielen hatte. Auf den letzten neun Spielbahnen hatte ich einige wichtige Putts aus zwei bis drei Metern gemacht. Auch die Putts auf den Löchern vierzehn bis siebzehn waren gut gewesen, sodass ich ziemlich zuversichtlich war.

Ich war sicher, dass der Putt leicht brechen würde. Ich lese Putts immer zusammen mit meinem Caddie Peter und als ich die Linie prüfte, fragte ich ihn: »Wo siehst du ihn?«

Er sagte: »Linker Rand.«

Ich stimmte ihm zu. Das Problem war aber, dass es direkt auf der Linie zwei Spikemarken gab, etwa auf halbem Weg zum Loch. Und auf Bermudagras werden sie sehr spröde und brüchig – anders als bei dem weichen, elastischen Gras, das wir in Europa gewohnt sind.

Ich sagte zu Peter: »Was ist mit diesen beiden Spikemarken? Sie liegen direkt auf meiner Linie?«

Er meinte: »Ja, ich sehe sie.«

Meine Sorge war, dass der Ball völlig wegbrach, falls ich die Spikespuren traf. Wir schauten noch einmal und kamen zu dem Schluss, dass ich nicht wie geplant auf den linken Rand gehen, sondern den Putt gerade schlagen sollte. Wenn ich fest genug schlug und gerade noch an den Spikespuren vorbeikam, würde der Ball vielleicht nicht verspringen, sondern direkt ins Loch gehen.

Ich betete um Mut, Stärke und eine ruhige Hand. Als ich den Putt schlug, hatte ich das Gefühl, es sei ein guter Schlag gewesen, dachte, ich hätte es geschafft, aber natürlich rollte der Ball knapp am Loch vorbei.

Es gibt Fotos von dem Moment, als der Putt vorbeiging, die mich mit einem sehr schmerzlichen Gesichtsausdruck zeigen. Es lag nicht nur daran, dass wir den Ryder Cup verloren hatten, obwohl das schon traurig genug war. Zum Teil war es einfach die Tatsache, dass der Putt nicht ins Loch gegangen war, nachdem er sich so gut angefühlt hatte.

Man hat viel darüber spekuliert, warum ich diesen Putt verpatzt habe; immer wieder hieß es, der Druck in dieser Situation sei einfach zu groß gewesen. Ich habe den Ball jedenfalls gut geschlagen. Ich tippe eher auf eine leichte Fehleinschätzung beim Lesen, möglicherweise aufgrund der Spikemarken.

Damals habe ich die Spikemarken nicht erwähnt. Jahrelang habe ich niemandem etwas davon erzählt. Meine Befürchtung war, dass man es nur für eine Entschuldigung gehalten hätte: »Er konnte nicht mit dem Druck umgehen und schiebt die Schuld auf die Spikemarken.«

Es war eine Chance, die ein Golfer nur einmal in seinem Leben bekommt: Den letzten Putt für den Erhalt des Ryder Cups zu machen. Ich gab mein Bestes, aber am Ende war es nicht gut genug.

Als ich vom Grün ging, tat es mir für mein Team Leid. Ich konnte verkraften, dass ich den Putt verpatzt hatte und dass man mir die Schuld dafür geben würde. Aber ich wollte nicht, dass die anderen zu leiden hatten. Als ich den Teamraum betrat, war Seve da und umarmte mich unter Tränen. Er brach den Damm.

Zuerst wollte ich beschwichtigen: »Weine nicht, so schlimm ist es auch wieder nicht.« Aber vermutlich war es das für einige von uns. Und natürlich sind manche Menschen emotionaler als andere. Es tat mir Leid für den Kapitän und das Team, weil der Ryder Cup eben einfach eine sehr wichtige Sache war. Aber als ich die Fassung wiedergewonnen hatte, konnte ich das Ganze einordnen.

Natürlich war ich sehr enttäuscht – für das Team, alle meine Kollegen, den Teamchef, für die ganze Tour, den Kontinent, die ich enttäuscht hatte. Ich hatte einen Putt verpatzt. Andererseits wusste ich, dass ich mein Bestes versucht und alles getan hatte, was ich konnte.

Meine Beziehung mit Gott, mit Jesus Christus, rückte alles wieder ins rechte Licht. Wenn ich heute zurückblicke, erkenne ich, dass es wesentlich wichtigere Dinge im Leben gibt, als ein Turnier zu gewinnen oder zu verlieren, einen Putt einzulochen oder danebenzuschieben. Ich weiß, dass ich mein Bestes gab und kann damit leben und weitergehen, weil ich ohnehin nicht in der Vergangenheit, sondern in der Zukunft lebe. Es erstaunt mich immer wieder, dass es Menschen gibt, die zehn Jahre später noch immer über diesen Putt reden wollen.

Als ein Journalist mich in der folgenden Woche danach fragte, sagte ich: »Wenn man den Ryder Cup vom christlichen Standpunkt betrachtet, hat es in der Geschichte nur einen einzigen vollkommenen Menschen gegeben, unseren Herrn Jesus Christus, und ihn haben wir getötet. Ich habe nur einen Putt verpatzt.«

Beim Ryder Cup in Belfry 1993 hielten wir eine Bibelstunde am Mittwochabend, an der sechs Spieler mit ihren Ehefrauen teilnahmen. Am Sonntagmorgen feierten wir Gottesdienst, wie wir es vier Jahre zuvor getan hatten. Etwa 400 Personen waren anwesend – viele von ihnen waren früh gekommen, um sich einen Platz zu reservieren. Der Gottesdienst hatte einen transatlantischen Charakter; Corey Pavin und ich lasen Bibeltexte. Pastor David Janzen – dessen Bruder Lee zum US-Team gehörte – nahm am Gottesdienst teil, zusammen mit den zwei Tour-Seelsorgern Bruce Gillingham (Europa) und Larry Moody (USA).

Wir waren entschlossen, den Cup zurückzuholen, den wir auf Kiawah Island so denkbar knapp verloren hatten. Ich spielte in den ersten Vierern mit Ian Woosnam und wir schlugen Payne Stewart und Paul Azinger mit sieben und fünf. Unsere Gegner kamen eigentlich nie richtig in Schwung und wir spielten erstklassig. Es war ein herrlicher Sieg.

Von meinen zwei weiteren Matches gewann ich eines, das zweite verlor ich. Trotzdem begannen wir den letzten Tag mit einem Punkt Vorsprung, die Aussichten waren gut.

Obwohl ich im Einzel gegen Tom Kite ganz gut spielte, verlor ich fünf und drei. Tom war überragend. Ein Beispiel für die Art seines Spiels und für das Ausmaß seines Selbstvertrauens war sein Schlag aufs Grün am zehnten Loch, an dem man carry übers Wasser muss. Tom lag zwei auf, nahm ein Holz 3 und schlug es bis auf drei Meter an die Fahne heran. Es schien ihm nie in den Sinn zu kommen, vorzulegen. Wenn man zwei auf ist, könnte man beispielsweise ein Eisen 7 und ein Pitching Wedge schlagen und das Loch nicht verlieren. Von derartigen Sicherheitsschlägen war er weit entfernt, er ging die Sache einfach an und zog sie durch. Auf jeden Fall lag er weit unter Par und ich spielte nicht gut genug, um aufzuschließen. Die Amerikaner setzten sich an diesem Sonntag klar durch und siegten mit 15 : 13.

Austragungsort für das Ryder Cup Match 1995 war der Oak Hill Country Club in Rochester, New York. Ich spielte alle fünf Runden mit drei verschiedenen Partnern und bedingt durch die verrückten Losentscheide trat ich viermal gegen Corey Pavin an; er gewann dreimal! Mein Spiel in dieser Woche würde ich als durchschnittlich, nicht brillant bezeichnen. Corey spielte sehr gut und verdiente die Siege.

Am Ende aber kam es zu einem gewaltigen Sieg für die Europäer, darauf kam es ohnehin am meisten an. Schließlich waren die Amerikaner sehr siegessicher, nachdem sie 1993 in England gewonnen hatten. Deshalb war es einfach schön für unser Team, uns auch in den USA zu etablieren und sie zu schlagen – vor allem auf einem Kurs, von dem sie sich Vorteile versprachen. Europa gewann mit 14,5 : 13,5.

Der Ryder Cup in Valderrama 1997 wurde zu einer guten Woche für mich und das europäische Team: Wir gewannen mit 14,5 : 13,5. Von den ersten drei Vierern verloren Colin Montgomerie und ich am ersten Vormittag gegen Tiger Woods und Mark O'Meara. Weder Colin noch ich spielten gut genug. Am Nachmittag traten wir beim Vierball-Bestball wieder gegen sie an und schlugen sie mit fünf und drei – wir spielten beide wesentlich besser und waren über das Ergebnis hocherfreut. Brad Faxon war im Einzel mein Gegner, ich gewann zwei und eins. Wie sich herausstellte, war es das entscheidende Spiel, weil wir mit meinem Sieg zumindest den Gleichstand erreicht hatten und damit den Cup behalten konnten. Natürlich zählt jeder Punkt und es ist die Entscheidung des Teamchefs, ob man früh oder spät spielt. Aber letztendlich ist es schon etwas Besonderes, wenn man sich im entscheidenden Match wiederfindet.

Als Seve 1997 zum Teamchef für den Ryder Cup ernannt wurde, unterstützte ich die Entscheidung voll und ganz. Es lag nahe, ihn zu wählen. Er hat so viel Erfahrung und genießt den Respekt aller Spieler. Und da das Match in Spanien stattfand, schien es erst recht angemessen zu sein. Es war großartig für ihn, in seinem eigenen Land als Kapitän zu siegen. 1997 war mein neunter Ryder Cup, ich hatte seit 1981 an jedem Match teilgenommen.

Da ich 1998 und 1999 keine Turniere gewann, war es fraglich, ob ich die automatische Qualifikation für das Team schaffen würde. Es sollte mir nicht gelingen, ich lag in der Rangliste am Ende auf dem fünfzehnten Rang. Es bestand also nur noch die Chance auf eine Wildcard von Kapitän Mark James, die ich aber nicht bekommen habe.

Nicht in das Ryder-Cup-Team 1999 aufgenommen zu werden, war zweifellos der schwierigste Moment in meinem Leben als Golfer. Ich hatte schon manche Enttäuschung erlebt, wenn ich Turniere nicht gewann, bei denen ich mir Chancen auf den Sieg errechnet hatte, ohne mein Ziel dann verwirklichen zu können. Aber das hier war schlimmer. Obwohl ich Mühe gehabt hatte, unter die automatisch qualifizierten zehn zu kommen, hatte ich doch mit einer der beiden Wildcards gerechnet. Hinzu kam noch, dass alle – meine Profikollegen, Caddies und Golfjournalisten – mir sagten, ich würde sicher gewählt werden.

Die Entscheidung fiel offenbar zwischen Andrew Coltart, Robert Karlsson und mir, und die Golfwelt war sich einig, dass die Wahl auf mich fallen würde. Jesper Parnevik würde auf jeden Fall der zweite Kandidat sein. Die Tatsache, dass alle sagten, ich würde ins Team kommen, verstärkte meine Erwartungen und dementsprechend groß war auch meine Enttäuschung, denn die Wahl fiel auf Coltart.

1999 nahm ich zwar nicht am Ryder Cup teil – den Verlauf der Ereignisse empfand ich trotzdem als bedrückend. Die Art, wie die Amerikaner nach dem Putt von Justin Leonard über das Grün liefen, war schon deshalb inakzeptabel, weil das Match noch gar nicht beendet war. Man hätte José Maria Olazábal nach den Regeln des Anstands die gleiche Chance geben müssen, seinen Putt einzulochen. Von einer Glanzstunde des Golfs kann keine Rede sein.

2001 verlief der Qualifikationsprozess ebenfalls knapp. Glücklicherweise bedeuteten mein Sieg bei der Dutch Open und der dritte Platz bei der British Open, dass mir ein Rang unter den Top Ten sicher war.

Ob ich ansonsten einer der zwei Kandidaten für die Wild Card gewesen wäre, kann ich nicht sagen. Die Presse schien von Jesper Parnevik und Sergio García auszugehen. Ich habe keine Probleme mit Sergio – er hatte ein außergewöhnlich gutes Jahr – aber ich denke, wenn man meine Ergebnisse mit denen von Jesper im Jahr 2001 vergleicht, standen meine Chancen ebenfalls nicht schlecht. Fairerweise muss ich sagen, dass Sam – vor dem Ende der Qualifikationsphase – mir gegenüber zugab, dass er eine sehr schwierige Wahl zu treffen hatte. Für ihn, so seine Erklärung, gab es drei Spieler, die er unbedingt im Team haben wollte, und alle drei würden die Qualifikation vielleicht knapp verfehlen.

Ich war schrecklich enttäuscht, dass der Ryder Cup abgesagt wurde, aber ich bin überzeugt, dass die Entscheidung richtig war. Es wäre für die Amerikaner sehr schwierig gewesen, die Heimat so kurz nach den Ereignissen des 11. Septembers zu verlassen.

Bei insgesamt neun Ryder-Cup-Starts habe ich unter vier Teamchefs gespielt. Ich war mit allen sehr zufrieden, habe an keinem von ihnen irgendetwas auszusetzen. Der erste war John Jacobs, ein sehr angesehener Golflehrer und Spieler, vor allem aber auch ein echter Gentleman, für den ich großen Respekt empfinde. 1981 erfüllte mich die Tatsache, dass ich zum Team gehörte, ohnehin mit solcher Ehrfurcht, dass vieles einfach an mir vorbeirauschte. Aber ich war der Meinung, dass John seine Sache als Teamchef wirklich gut machte. Das Problem war nur, dass der Abstand zwischen den Amerikanern und uns so groß war. Wir hatten eigentlich kaum Aussichten auf den Sieg.

Es machte Spaß, unter Tony Jacklin zu spielen. Er war immer gut drauf und voller Optimismus. Tony gab dem Team viel Zuversicht, versuchte in uns den Glauben an den Sieg zu wecken. Er machte seine Sache großartig und verdient viel Anerkennung für die Art und Weise, wie er die Siege 1985 und 1987 managte.

Auch Bernard Gallacher leistete gute Arbeit, kümmerte sich wirklich um jeden. Hilfreich war, dass er sich gut ausdrücken konnte, dem Team klar verständlich machen konnte, was er zu erreichen versuchte. Die Zusammensetzung unter Bernard sagte mir sehr zu. Er hatte 1991 und 1993 viel Pech, als wir so knapp verloren; umso mehr freute ich mich für ihn über die Genugtuung, 1995 den Titel zu holen. Meiner Meinung nach hätte man keinen besseren Teamchef als Bernard haben können. Von dem großen Druck, unter dem er stand, ließ er nie etwas erkennen.

Seve Ballesteros Stil als Kapitän war ein völlig anderer, aber auch er war sehr zuversichtlich und ausgesprochen positiv. Er hatte immer ein paar aufmunternde Worte bereit, gab uns viel Zuversicht und half uns in dem Glauben, dass wir besser waren als die Amerikaner und sie schlagen konnten. Der Respekt des ganzen Teams war ihm als großartigem Golfspieler und erfolgreichem Ryder-Cup-Teilnehmer ohnehin sicher.

Als Kapitän hätte Seve die Schläge am liebsten selbst für uns gespielt, was nichts daran änderte, dass letztendlich wir Spieler unsere Entscheidungen treffen mussten. Aber so ist Seve nun einmal. Er setzt sich wirklich persönlich ein, kennt keine halben Sachen. Ich glaube, das Schwierigste für einen Teamchef – besonders wenn man noch aktiv Golf spielt – ist es, das Geschehen beobachten zu müssen, ohne sich irgendwie beteiligen zu können. Seve erfüllte seine Aufgabe gut und setzte sich mit ganzer Kraft ein.

Ich freue mich darauf, unter Sam Torrance zu spielen, und glaube, er wird ein guter Teamchef sein. Als achtfacher Ryder-Cup-Teilnehmer bringt er reichlich Erfahrung mit, zudem war er beim letzten Mal die rechte Hand von Mark James. Worauf es beim Ryder Cup ankommt, dürfte er mit Sicherheit wissen.

Für mich selbst wäre es eine große Ehre und Freude, Ryder-Cup-Kapitän zu werden, vorausgesetzt man würde mich darum bitten, die Aufgabe zu übernehmen. Die Entscheidung liegt natürlich nicht bei mir. Die Herausforderung ist zweifellos sehr groß, ich bin mir aber sicher, dass ich sie bewältigen würde. Die Arbeit beginnt schon Monate vor der Ryder-Cup-Woche. Die Zusammenarbeit mit der Presse in der Vorbereitungszeit, während der Woche und nach dem Turnier – das sind nur ein paar von sehr vielen Aufgaben.

Die Termine überschlagen sich: Pressekonferenzen, Sponsorenveranstaltungen, Sitzungen usw. Spielt ein Ryder-Cup-Kapitän selbst ein anderes Turnier, steht er im Mittelpunkt des öffentlichen Interesses, ganz gleich, wie er spielt.

Da wir schon beim Thema sind, möchte ich erwähnen, dass ich nicht ganz glücklich über das Qualifikationsverfahren für den Ryder Cup bin. Im Augenblick qualifizieren sich die führenden zehn Europäer der European Tour automatisch, sodass der Kapitän noch zwei weitere Spieler auswählen kann. Das System ist seit mindestens zehn Jahren unverändert und war am Anfang wahrscheinlich auch richtig, als alle führenden europäischen Golfer nur in Europa spielten.

Heute gibt es aber zehn bis fünfzehn Europäer, die ziemlich regelmäßig in Amerika spielen, darunter einige der Besten. Der Versuch, über die Qualifikation die zwölf besten europäischen Golfer für den Ryder Cup zu ermitteln, kann damit nur bedingt gelingen. Das derzeitige System belohnt zudem Spieler, die an vielen Turnieren teilnehmen. Wer als durchschnittlicher Spieler 35 Turniere der European Tour bestreitet, sammelt unter Umständen mehr Preisgelder an als ein wirklich guter Spieler, der nur an elf Turnieren teilnimmt.

Ein Beispiel: Golfer A spielt 35 Turniere, Golfer B dagegen nur elf. Golfer A erreicht auf der Geldrangliste zum Schluss

£ 100 mehr als Golfer B und kommt in das Ryder-Cup-Team. Aber wer von beiden ist der bessere Golfer? Für mich ist klar, dass das System nicht fair ist, vor allem deshalb nicht, weil man sich den Weg ins Team einfach dadurch ebnen kann, dass man an vielen Turnieren teilnimmt.

Am fairsten wäre es meiner Meinung nach, wenn sich die führenden zwölf Europäer der Weltrangliste qualifizieren würden. Die Weltrangliste ist immer wieder kritisiert worden, aber sie wurde verändert und ist genauer und aktueller geworden. Ich denke, dass die meisten Spieler sie für aussagekräftig halten. Es gab den Vorschlag, die ersten drei Golfer auf der europäischen Geldrangliste sowie die führenden sechs Europäer auf der Weltrangliste zu nehmen und dem Kapitän drei Wahlmöglichkeiten zu lassen. Das wäre besser als das jetzige Verfahren, aber ich halte es für die fairste Lösung, einfach nur die Weltrangliste zu berücksichtigen, mit deren Hilfe man das Ziel, die zwölf besten Golfer auszuwählen, verwirklichen kann.

Für diese Art der Auswahl spricht auch, dass für die Weltrangliste jedes einzelne Turnier weltweit gezählt wird. Bei dem jetzigen System zählen nur die Veranstaltungen der European Tour und die Majors. Ein Spieler könnte also vier bedeutende Turniere in den USA gewinnen, ohne dass es Auswirkungen auf die Ryder-Cup-Qualifikation hätte. Man würde auch dann nicht automatisch ins Team aufgenommen, wenn man offensichtlich zu den besten Spielern gehört. Das halte ich für falsch.

Nachdem ich unser System für nicht optimal halte, bin ich andererseits auch nicht sicher, ob das Verfahren der Amerikaner richtig ist. Hier finden nur Top-Ten-Platzierungen bei Turnieren Berücksichtigung. Wer laufend auf Rang elf endet, bringt es auf keinen einzigen Qualifikationspunkt.

Für mich als deutschen Spieler ist es enttäuschend, dass der Ryder Cup nie in Deutschland ausgetragen wurde. Ich kenne nicht alle Einzelheiten, die für die Entscheidung relevant sind; Geld scheint aber doch eine sehr entscheidende Rolle zu spielen. Wer die höchste Summe ansetzt, scheint auch die besten Aussichten zu haben, den Ryder Cup zu bekommen. Natürlich muss auch der Golfplatz die nötige Qualität haben. Für mich persönlich fand der Ryder Cup zu oft in England und The Belfry statt. Ich freue mich sehr, dass wir 2006 nach Irland gehen, aber das hätte schon vor Jahren passieren sollen – außerdem finde ich gut, dass auch Schottland Austragungsort wird.

Auf jeden Fall würde ich den Ryder Cup gern öfter auf dem Kontinent sehen. Bisher fand er nur in Spanien statt. Sowohl Schweden als auch Deutschland und Frankreich haben einiges zu bieten. Denken Sie nur einmal daran, wie viele hervorragende Golfer aus Schweden hervorgegangen sind. Golf erlebt in Schweden heute einen Boom. In Deutschland haben wir drei sehr große Turniere der European Tour. Es wäre schön, wenn diese Länder für ihren Beitrag zur Tour belohnt würden. Aber man hat entschieden, dass der Ryder Cup bis einschließlich 2014 die britischen Inseln nicht verlassen wird.

Ich verstehe, dass die Tradition und die Geschichte verlangen, England bevorzugt zu behandeln; aber ich halte es für gerechter, zwischen England und dem Kontinent zu wechseln und auf diese Weise anzuerkennen, was das kontinentale Europa zum Aufschwung des Golfsports und zur Tour beigetragen hat. Wie so viele Dinge im Leben scheint hier Geld der Motor zu sein.

Eine Regelung, mit der ich nie einverstanden war, ist die Tatsache, dass die Profite des Ryder Cups zwischen der European Tour und der British PGA aufgeteilt werden. Dies bedeutet, dass die deutschen, schwedischen, irischen, spanischen und anderen PGAs trotz der Beiträge ihrer Spieler nichts bekommen. Als der Ryder Cup 1979 ein europäisches Ereignis wurde und nicht mehr ausschließlich eine britische Veranstaltung war, hätte man die finanzielle Regelung anpassen sollen. Ich habe diese Meinung mehr als einmal geäußert, aber die Entscheidung liegt nicht bei mir.

Ich werde manchmal gefragt, ob wir eine besondere Art von Platz wählen sollten, der dem europäischen Team besser entsprechen würde. Vor einigen Jahren hätte ich gesagt, dass wir bei einem Küstenplatz bessere Chancen hätten, weil er im Allgemeinen windig und wellig ist. Inzwischen glaube ich, dass die Situation sich geändert hat und ein moderner amerikanischer Golfer jetzt besser auf solche Bedingungen eingestellt ist.

Die Amerikaner waren früher stark daran gewöhnt, den Ball sehr hoch zu schlagen, und empfanden den Wind daher als schwierig. Teilweise aufgrund der technologischen Veränderungen im Golfsport können die führenden amerikanischen Spieler einen Ball mit flachem Spin heute genauso gut spielen wie ihren traditionellen hohen Schlag. Wenn Küstengolf den Europäern wirklich einen so klaren Vorteil verschafft, warum gewinnen europäische Spieler dann nicht jedes Jahr die British Open?

Der Ryder Cup ist ein wichtiger Teil meiner Karriere gewesen. Ich habe bei Ryder Cups schon Tränen vergossen, aber auch oft gelacht. Wenn man für ein Team, ein Land und einen Kontinent spielt, hat alles viel mehr Bedeutung, Emotionen kommen viel mehr zum Tragen. Als wir 1985 in Belfry und zwei Jahre später in Muirfield Village den Titel holten, waren das für uns alle ganz besondere Augenblicke. Auf der negativen Seite habe ich den Ryder Cup auf Kiawah Island zu verzeichnen, wo ich den besagten Putt verpatzte.

Es war schön zu sehen, wie der Ryder Cup gewachsen ist und sich zu einem der größten Sportereignisse der Welt entwickelt hat. Das macht es umso wichtiger, die strenge Etikette und den sportlichen Geist des Golfspiels zu wahren. Wir müssen auch in Zukunft den Charakter des Golfsports respektieren, einander achten und die Freude am Wettbewerb erhalten.

Probleme beim Putten

Mit all den Geschichten, die im Lauf der Jahre über mein Putten geschrieben wurden, könnte man ganze Bücher füllen. In diesem Buch will ich das Thema einmal aus meiner Sicht erörtern. Nach allgemeiner Auffassung bin ich ein schlechter Putter. Ein Journalist schrieb einmal: »Die Grüns hier sind so gut, dass selbst Bernhard Langer keine Dreiputts brauchte.«

Es besteht kein Zweifel, dass ich meine Probleme mit dem Putten hatte. Andererseits kann man weltweit keine fünfzig Profigolfturniere gewinnen, wenn man nicht putten kann. Die Wahrheit liegt irgendwo zwischen diesen beiden Extremen.

Wie gesagt haftet mir der Ruf des schlechten Putters an. Daran kann ich offenbar auch kaum etwas ändern: Das Etikett bleibt mir, und das, obwohl ich in den 80er Jahren zweimal in Europa die Puttstatistik gewinnen konnte. Den weitaus größten Teil meiner Karriere war mein Putten gut, aber wegen der Probleme, die ich zeitweise damit hatte, habe ich mir diesen Ruf eingehandelt, und die Leute bringen das Thema immer wieder auf den Tisch. Dagegen bin ich machtlos.

Es gab Phasen, in denen ich wirklich große Probleme hatte. Manchmal waren meine Putts so schlecht, dass Leute nur deshalb kamen, um mir zuzuschauen – allerdings so, wie manche zu einem Autorennen gehen, um einen Crash zu beobachten!

Ein kleines Beispiel dafür, wie schlecht meine Putts manchmal waren, ist wohl die Tatsache, dass ich einmal vier Putts aus einem Meter Entfernung brauchte. Sogar Doppelschläge kamen vor. Beim Matchplay weigerten Gegner sich häufig, mir auch nur einen 30-Zentimeter-Putt zu schenken; sie gingen davon aus, dass ich das Loch eher verfehlen würde, als den Putt einlochen zu können.

Als Junge, als Caddie und als junger Pro schätzte ich mich als einen sehr guten Putter ein. Probleme hatte ich 1976 in meinem ersten Jahr auf der European Tour in Spanien und Portugal. Dort wurde ich zum ersten Mal in meinem Leben mit schnellen Grüns konfrontiert.

Ich entwickelte die so genannten »Yips«, ein schwer zu beschreibendes Phänomen. Es ist, als würde der Putter einfach nicht das machen, was man will. Der Grund ist eine unfreiwillige und unkontrollierbare Muskelbewegung, die zu einem schnellen, ruckartigen, unkontrollierten Putt führt – quasi wie ein Muskelzucken; auch andere Formen, den Putter zu halten, nützen meist nichts; manchmal kann man den Schläger gar nicht erst zurückführen. Man erstarrt völlig – oder man zuckt einfach.

Die Muskeln bewegen sich, die Finger fühlen sich an, als gehörten sie nicht zum eigenen Körper. Der Magen krampft sich aus extremer Nervosität völlig zusammen. Yips ist eine Nervenschwäche. Zum Teil wusste ich nicht, wie ich den Putter zurückführen sollte, und wenn ich ihn dann hinten hatte, wusste ich nicht, wie ich durchschwingen sollte.

In der Rückschau erkenne ich, dass ich einfach nicht an die blitzschnellen Grüns in Spanien und Portugal gewohnt war, wo die ersten Turniere, die ich auf der European Tour 1976 spielte, ausgetragen wurden. In Deutschland sind die Grüns tendenziell sehr langsam.

In dieser Phase hatte ich kein Geld, sodass der Leistungsdruck enorm hoch war. Der Gedanke war immanent, dass mein Budget nur für eine gewisse Anzahl von Turnieren reichen würde und ich bei fehlendem Preisgeld wieder als Club-Pro oder Golflehrer anfangen musste. Ich wollte jedermann beweisen, dass ich gut genug war, und setzte mich selbst zu stark unter Druck.

Dieser Erfolgsstress hatte wohl zur Folge, dass ich die Yips bekam. In den nächsten Jahren kamen und gingen sie ständig, vor allem 1978/1979 war es extrem schlimm. Es gab viele Tage, an denen ich am liebsten aufgegeben und wieder als Golflehrer angefangen hätte. Das Einzige, was mich davon abhielt, war das Wissen, dass ich eine gute Schlagtechnik hatte, und der Glaube, dass ich zu den Besten gehören würde, wenn es mir nur gelang, mein Putten zu verbessern. Jedes Mal, wenn ich aufgeben wollte, rief ich mir in Erinnerung, dass die Langers nicht zu denen gehören, die einfach die Flinte ins Korn werfen.

Als die Yips die ersten Male auftraten, bekam ich viele Ratschläge, wie ich sie überwinden könnte – ein neuer Putter, andere Techniken, verschiedene abergläubische Rituale. Ich nahm Dutzende technische Anpassungen vor und probierte zwanzig verschiedene Putter. Wundermittel gab es nicht. Meine Putts wurden erst nach und nach besser. Mein Putten war nicht gut genug, um ein Turnier zu gewinnen, aber es reichte, um den Cut zu schaffen und etwas Geld zu verdienen. Jener alte Putter, den ich auf Seves Rat während des Hennessey Cups für £ 5 gekauft hatte, half mir, wieder ein gewisses Maß an Selbstvertrauen zu gewinnen und 1980 zum Sieger zu werden.

Mit diesem Putter spielte ich ein oder zwei Jahre gut, bis die Probleme 1982 erneut auftraten. Bei einem Fernsehmatch in Woburn, Männer gegen Frauen, war mein Putten wirklich schrecklich, aber es waren nicht die Yips. Das Problem war nur, dass ich bei jedem Schlag den Schwung völlig verlangsamte und nicht durchzog. Um dieses Problem zu überwinden, änderte ich meinen Griff und begann, meine linke Hand unter die rechte zu setzen. Tatsächlich fühlte ich mich schon während der Übungs- und Gewöhnungsphase deutlich wohler. Das ist aus meiner Sicht auch das einzige Geheimnis beim Putten: Man muss sich beim Ansprechen über dem Ball wohl fühlen. Für längere Putts benutzte ich allerdings weiterhin einen normalen Griff.

Ich gab den regulären Griff auf und puttete cross-handed – mit der rechten Hand über der linken –, nur um das Problem loszuwerden. Das Gefühl war deutlich anders und ich war entspannter. So puttete ich in den folgenden sieben Jahren und meine großen Erfolge mit dieser Technik gaben mir Recht.

Für kurze Zeit war ich die Nummer 1 der Weltrangliste und blieb mehrere Jahre lang unter den ersten drei. Turniere gewann ich auf der ganzen Welt. Alles lief bestens – bis 1988, als mich die Yips wieder einholten. Bei einem Turnier führte ich nach zwei Runden mit zehn unter Par; aber an den nächsten zwei Tagen spielte ich fünf über Par und kämpfte ab sofort wieder mit den Yips. Das Ganze dauerte fünf oder sechs Monate und ich verlor meine Spitzenposition auf der Weltrangliste.

Ich sah keinen Ausweg. Inzwischen war ich Christ geworden und betete zu Gott: »Herr, ich glaube, dass du mir das Talent gegeben hast, meine Sache gut zu machen, sodass ich als Christ gehört werde und anderen von dem Segen erzählen kann, den du mir gegeben hast. Aber es sieht so aus, als würdest du mir diese Gabe wieder nehmen. Herr, wenn du willst, dass ich etwas anderes mache – wenn du nicht willst, dass ich Golf spiele –, dann sage mir, wo du mich haben willst. Sage mir, was ich tun soll, und ich werde es tun, denn das hier macht überhaupt keinen Spaß.«

Es waren sehr harte Zeiten und oft fragte ich den Herrn: »Warum ich? Was habe ich denn getan, um das zu verdienen?« Golf aufzugeben war das Letzte, was ich mir gewünscht hätte, aber ich war dazu bereit, falls ich den Eindruck bekam, dass Gott genau das von mir wollte. Ich überstand diese Phase mit viel Gebet, einem veränderten Griff und jeder Menge harter Arbeit. Es dauerte eine Weile, aber dann war ich durch und begann wieder gut zu spielen.

Ich bin sehr dankbar, dass mich ein Freund besuchte, unmittelbar bevor ich aufgeben wollte, und ein paar Tage mit mir verbrachte. Er betete mit mir und sagte: »Bernhard, ich glaube nicht, dass Gott dich irgendwo anders haben will. Du solltest einfach durchhalten und weitermachen und er wird dir den Ausweg zeigen. Er möchte, dass du Golf spielst. Er möchte, dass du im Golf Erfolg hast, sodass du anderen Menschen begegnen kannst und hoffentlich ein gutes Beispiel für andere bist.« Ich möchte hier sagen, dass es ausschließlich meine Beziehung zu Jesus Christus war, die mich befähigt hat, solch harte Zeiten durchzumachen und trotzdem zufrieden zu bleiben.

Auf der Suche nach einem möglichen Ausweg aus dem katastrophalen Zustand wechselte ich erneut meine Grifftechnik und wählte einen Griff, den man als getrennten, überkreuzten Unterarmgriff bezeichnen könnte – mit der Hand am Unterarm. Ich trennte einfach die Hände, lehnte den Schaft gegen den Unterarm und hielt ihn ganz leicht. Auf diese Weise ist der eine Arm völlig entspannt und der andere hält den Schläger ohne jede Kraftanstrengung. Speziell für kurze Putts erwies sich dies als exzellente Lösung, weil ich auf diese Weise all die kleinen Muskeln und auch das Handgelenk ausschaltete. Bei einem normalen Puttgriff setzt man, so würde ich das sehen, die beiden Handgelenke, die Ellbogen und die Schultergelenke ein. Durch meinen neuen Griff waren die Handgelenke aus dem Spiel, ich konzentrierte mich einfach auf die zwei Schultergelenke.

Nach all den Mühen mit dem Putten war der Sieg bei der Spanish Open 1989 ein wirklich großer Erfolg für mich. Ich hatte das ganze Jahr über gekämpft und holte allmählich auf – natürlich mit dem neuen Griff. Nach zwölf Monaten ohne Sieg und extrem schlechtem Putten gab mir die Tatsache, dass ich mein Spiel wieder durchziehen und den Sieg holen konnte, enormen Auftrieb. Am letzten Tag spielte ich eine 67 und benötigte vor allem nur 27 Putts. Diesen Griff benützte ich noch weitere sieben Jahre mit Erfolg. Es ist schon komisch, dass es immer sieben Jahre zu sein schienen. Ich kann nicht erklären, warum mein Putten so lange konstant blieb oder warum es so plötzlich aus der Form lief.

Dann bekam ich erneut Probleme. 1996 hatte ich den Eindruck, dass ich meine Technik wieder ändern müsste, und begann den langen Putter zu benutzen, den ich seither immer verwendet habe. Nur gelegentlich, wenn ich mit meinem Sohn oder einem Freund spiele, leihe ich mir vielleicht einen konventionellen Putter aus und denke: »Das fühlt sich gut an – vielleicht fange ich an, damit zu spielen.« Den Mut, mit einem konventionellen Putter eine Turnierrunde zu spielen, habe ich aber nie gehabt. Vertragliche Bindungen an einen speziellen Putter gibt es bei mir nicht, wechseln kann ich, wann immer ich will.

Eine Erklärung für meine Bevorzugung des langen Putters habe ich nicht. Ich nehme an, es hat damit zu tun, dass ich mich damit wohl fühle und den Druck nicht empfinde. Wenn man sich nicht wohl fühlt und nicht entspannt ist, kann man nicht putten. Bei der extremen Leistungsdichte und dem enorm hohen Spielniveau muss man heute einfach putten können, sonst agiert man außer Konkurrenz.

Hinzu kommt, dass ich mit dem langen Putter offenbar weniger Trainingszeit benötige. Für meinen Rücken, mit dem ich immer wieder Probleme habe, ist die aufrechte Haltung ohnehin besser.

2001 war ich, soviel ich weiß, Achter der Puttingstatistik in den USA, was einen Großteil meines Erfolges in diesem Jahr erklärt. Das Putten entscheidet zumindest zu 50 Prozent den Score, wer überzeugend puttet, hat in der Regel am Ende auch einen guten Score.

Manchmal wünsche ich mir insgeheim, ich könnte zum kurzen Putter zurückkehren. Was mich daran hindert, es beim nächsten Turnier tatsächlich zu versuchen, ist die Angst, dass ich wieder yippen könnte, und das ist ein schreckliches Gefühl. Die Furcht vor einer Rückkehr der Yips werde ich wohl nie ganz abschütteln. Der Gedanke daran ist immer präsent, so gern ich ihn auch abschütteln würde. Die Yips sind so schrecklich, dass ich sie meinem ärgsten Feind nicht wünschen würde. Und was die ungewöhnliche Technik anbelangt, so bleibe ich bei meiner Einstellung, dass es auch beim Putten – wie überhaupt beim Golfspielen – nicht auf das »Wie« ankommt, sondern nur auf das »Wie viele«.

Ich verwende noch immer viel Zeit darauf, das Putten zu üben. Bei Turnieren ist es entscheidend, zuerst das richtige Gefühl zu entwickeln und dann die Schnelligkeit der Grüns zu testen. Das ist sehr wichtig, weil wir jede Woche auf einem anderen Golfplatz spielen und die Schnelligkeit der Grüns variiert. Sie kann sich sogar während eines Turniers von einem Tag zum anderen ändern. Außerdem arbeite ich auch an meiner Technik, dem Gefühl oder der Haltung. Unter Techniktraining verstehe ich, den Ball aus verschiedenen Lagen zu spielen, sicher zu stellen, dass sich meine Augen in der richtigen Stellung zum Ball befinden, oder daran zu arbeiten, dass mein Kopf sich nicht bewegt. Sogar beim Putten versuche ich, immer dieselbe Routine vor dem Schlag zu praktizieren und ein gutes Gefühl zu bekommen.

Mein Ansatz beim Putten besteht darin, das richtige Tempo, den richtigen Rhythmus und die richtige Geschwindigkeit zu bekommen – einen Punkt zu wählen und anzuvisieren. Es gibt einige Grundlagen, die für fast jeden Golfer wichtig sind, unabhängig davon, welchen Griff man wählt. Dazu gehört zum Beispiel, dass man sich über dem Putt völlig wohl fühlen sollte; Entspannung in der Ansprechposition ist entscheidend: Das Körpergewicht muss gleichmäßig auf beiden Füßen ruhen und die Arme sollten ganz entspannt und ganz locker herabhängen. Es sollte kaum Druck auf den Griff ausgeübt werden. Manchmal sehe ich Amateure mit zu festem Griff, ihre Fingergelenke zeichnen sich dann weiß ab, was bedeutet, dass sie sehr angespannt und verkrampft sind und folglich nicht viel Gefühl für den Putt haben können.

Daneben versuche ich, meine Augen über dem Ball zu halten. Wenn ich den Kopf drehe, kann ich der Linie viel besser folgen, als wenn meine Augen innen oder außen vom Ball wären. Um das zu prüfen, lässt man einfach den Putter senkrecht herabhängen, sozusagen von den Augen abwärts; er sollte dann genau über dem Ball sein.

Drittens glaube ich, dass die Stellung von Schultern, Füßen, Knien und Hüften zwei Linien bilden sollten – praktisch wie bei Eisenbahngleisen, sodass der Ball die eine Schiene bildet und die Linie von den Schultern bis zu den Füßen die andere Schiene. Ich ziele gern mit meinen Schultern auf das Loch, sodass ich mit meiner Schulter putten kann. Ich habe mit den Jahren gelernt, dass es viel besser ist, große Muskeln als kleine Muskeln zu benutzen. Mit den größeren Muskeln zuckt man nicht so leicht wie mit den feinen Muskeln in den Fingerspitzen.

Beim Putten habe ich wirklich viel durchgemacht, aber auch großen Segen erfahren. Ich habe die ganze Bandbreite erlebt, die guten wie die schlechten Zeiten kennen gelernt. Über zwanzig Jahre hinweg, seitdem die Probleme beim Putten zum ersten Mal auftraten, spiele ich inzwischen auf dem höchsten Level. Dreimal habe ich die Yips überstanden. Technik, harte Arbeit und Charakter haben dabei eine Rolle gespielt, aber ohne die Kraft des Herrn Jesus Christus hätte ich es nicht geschafft.

Erfolg und Verzweiflung Ende der 80er Jahre

Nachdem ich 1985 Majorsieger geworden war und auf der Weltrangliste an erster Stelle geführt wurde, hatte ich fast alle meine Ziele erreicht – mit Ausnahme eines Sieges bei der British Open. Nun bestand die Herausforderung darin, die Spitzenposition möglichst zu halten. Aber Spielform und Selbstvertrauen sind zwei Dinge, die sich nur schwer planen und organisieren lassen.

Manchmal steigt meine Zuversicht für ein Turnier, wenn ich ein oder zwei Wochen vorher ebenfalls gespielt habe. Mag sein, dass ich dann darüber nachdenke, wie zufrieden ich im Moment mit meinem Schwung bin, wie gut ich gerade putte. Oder mir gefällt der Golfplatz, auf dem in der kommenden Woche gespielt wird. Das genaue Gegenteil, ein eher schlechtes Gefühl, kommt auf, wenn ich zwei oder drei Wochen lang den Cut verpasst habe. Mein Selbstvertrauen erreicht einen Tiefpunkt, meine Gefühle zu Beginn des nächsten Turniers sind eher negativ. Meistens habe ich ein gutes Gespür dafür, wie es um meine Form steht und wie wahrscheinlich es ist, dass ich um eine Spitzenposition spielen kann.

Schwieriger werden die Prognosen, wenn ich zwei oder drei Wochen lang kein Golf gespielt habe. Manchmal mache ich beim Aufwärmen auf der Driving Range schreckliche Schläge und frage mich: »Du meine Güte, was soll das heute bloß werden?« Dann gehe ich hinaus auf den Platz und spiele vier oder fünf unter Par. Diese Diskrepanz ist mir dann unerklärlich.

Gute Ergebnisse wecken Zuversicht. Zuversicht weckt noch größere Hoffnungen. Schlechte Ergebnisse dagegen führen in die umgekehrte Richtung. Es fällt eher schwer, sich selbst zu sagen: »Ich bin der größte Spieler der Welt«, wenn man drei

Cuts hintereinander verpasst und gerade eine 80er Runde gespielt hat.

Mir ist durchaus bewusst, wann ich gut schwinge und wann nicht. Im Golf aber liegen Gut und Schlecht sehr nahe nebeneinander. Auch beim Putten gibt es Tage, an denen es nur selbstverständlich erscheint, dass man den Ball gut trifft und er perfekt rollt. An anderen Tagen ist schon das Gefühl beim Ansprechen eher unbehaglich.

1986 habe ich viel in den USA gespielt und erzielte – ohne ein Turnier zu gewinnen – ausreichend Preisgeld, um auf Platz 10 der amerikanischen Geldrangliste zu kommen. In Europa brachte ich es bei nur sieben Turnieren auf Siege bei der German Open und der Lancôme Trophy sowie vier dritte Plätze.

Die German Open gewann ich im GC Hubbelrath in Düsseldorf. Es war, milde ausgedrückt, eine ereignisreiche Woche. Am Dienstag flogen wir von Amerika mit der israelischen Fluggesellschaft El Al nach Deutschland. Vikki, Jackie und ich kamen eineinhalb Stunden vor dem Abflug zum Flughafen, um einzuchecken. Zu meiner Überraschung war niemand am Schalter. Warum hatte man noch nicht angefangen, die Passagiere abzufertigen?

Kurze Zeit später mussten wir zur Kenntnis nehmen, dass El Al den Check-in-Schalter zwei Stunden vor dem Abflug schließt und wir schlichtweg zu spät waren. Es hat einiger Überredungskunst bedurft, aber nach einer Weile war der Angestellte immerhin bereit zu prüfen, ob er uns doch noch in die Maschine bekommen konnte. Es hieß, man sei einverstanden, aber es sei nicht sicher, dass unser Gepäck noch aufgenommen werden könne. Ich sagte: »Aber hören Sie mal, Sie haben noch eine ganze Stunde Zeit, das Gepäck in die Maschine zu bringen. Wo liegt das Problem?«

Letztendlich saßen wir drei zwar in der Maschine nach Düsseldorf, aber nicht eines unserer acht Gepäckstücke wurde mitgenommen. Es ist schon unangenehm genug, seine Kleidung nicht zu haben, aber wesentlich schwieriger ist es, ohne die eigenen Schläger bei einem Golfturnier zu spielen! Ich rief meinen Bruder an und bat ihn, mir sofort einen alten Satz Schläger zu besorgen. So konnte ich wenigstens auf der Driving Range üben.

Am Mittwoch kamen zwei der Gepäckstücke an – natürlich nicht die Schläger. Am Donnerstagmorgen waren sie noch immer nicht eingetroffen und ich spielte die erste Runde mit alten Schlägern, mit denen ich mich wirklich nicht wohl fühlte. Entsprechend fiel mein Score aus – eine 75, drei über Par.

Erfreulicherweise waren meine eigenen Schläger am zweiten Spieltag da, sodass ich mit einer 65er Runde wieder Boden gutmachen konnte. Eigentlich hätte ich nach einer 64er Runde am dritten Tag alles unter Kontrolle haben sollen, aber Rodger Davis gelang am Finaltag auch eine 64, sodass ich ins Stechen musste. Das allerdings konnte ich für mich entscheiden.

1987 pendelte ich wieder zwischen Amerika und Deutschland. In den USA wurde ich Dreiundzwanzigster in der Geldrangliste. Meine beste Leistung war der zweite Platz hinter Corey Pavin bei der Bob Hope Classic.

In Europa spielte ich nur zehn Turniere, wurde aber dennoch Fünfter der Order of Merit. Zurückzuführen war das vor allem auf zwei Siege kurz hintereinander bei der PGA Championship in Wentworth und der Irish Open in Portmarnock.

In Wentworth behauptete ich mich mit vier Schlägen vor Seve Ballesteros, bei der Irish Open mit zehn Schlägen vor Sandy Lyle. Ich spielte acht Runden in Folge unter siebzig, sodass ich auf Endergebnisse von achtzehn bzw. neunzehn unter Par kam. Es war eine dieser Phasen, in denen einfach alles klappt. Der Schwung saß, mir passierten kaum Fehler, die Putts fielen. Bei der German Masters hatte ich eine weitere Siegeschance, nachdem ich mit Sandy Lyle nach 4 Runden gleichauf lag; das Stechen verlor ich aber am zweiten Extraloch.

1988 wurde zum deprimierendsten Jahr meines Lebens. Meine Karriere lief scheinbar im Rückwärtsgang. Der Grund war ein weiterer Ausbruch meiner Puttingprobleme, wie schon an anderer Stelle beschrieben. Ich dachte damals ernsthaft daran, auszusteigen. Angesichts der Tatsache, dass ich die Yips in der Vergangenheit bereits überwunden hatte, blieb mir aber die Hoffnung, es würde auch diesmal gelingen.

Dabei hatte das Jahr mit einem Turniersieg gut begonnen. Der Erfolg beim Epson Grand Prix bedeutete auch die Fortsetzung einer erfreulichen Serie: Seit 1980 hatte ich jedes Jahr ein Turnier in Europa gewonnen.

Matchplay-Turniere sind immer ein wenig Glückssache. Mag sein, dass man an einem Spieltag der zweitbeste Spieler ist, aber trotzdem sofort aus dem Rennen fliegt, weil man in Runde eins ausgerechnet gegen den besten Spieler antreten muss. Mein erstes Match war in diesem Fall zweifellos das schwerste. Es fand allerdings in der zweiten Runde statt, da ich in der ersten Runde ein Freilos hatte. Drei Löcher vor Schluss lag ich zwei down gegen Bill Longmuir, kämpfte mich zurück auf even und gewann schließlich am achtzehnten Loch. In der Folge gewann ich gegen Tony Johnstone mit zwei und eins sowie am Sonntagmorgen gegen Rodger Davis im Halbfinale eins auf. Die Entscheidung, vor dem Finale gegen Mark McNulty den Putter zu wechseln, erwies sich als richtig: Auf den ersten vier Löchern brauchte ich nur jeweils einen Putt und gewann mit vier und drei.

Das Debakel nahm seinen Anfang beim zweiten Turnier in Europa, der PGA Championship in Wentworth. Nach zwei guten Runden von 67 und 66 stellten sich die Puttingprobleme wieder ein und ich brachte es nur auf eine 74 und eine 73.

Bei der British Open in Royal Lytham brauchte ich fünf Putts aus etwa eineinhalb Metern am 71. Loch auf dem Weg zu einer 80. Ich verpasste die Cuts bei der Dunhill British Masters, der Irish Open und der European Open.

Am Ende des Jahres war ich Dreizehnter in der europäischen Geldrangliste, in USA war ich abgerutscht auf Platz 111. 1988 verpasste ich drei Cuts, was das Ende einer erstaunlichen Serie bedeutete: Seit 1983 hatte ich 54 Cuts in Folge gemacht. Ich sagte mir: »Du musst eben weitermachen, weiter arbeiten, es weiter versuchen.« Man lernt eine Menge über seinen Charakter, wenn man einen solchen Tiefpunkt erreicht. Damals habe ich viel über mich selbst erfahren, heute bin ich dankbar, dass ich diese schlechten Zeiten gut überstanden habe.

Die Aufholjagd begann mit meinem neuen Puttstil im Jahr 1989. Zwar wirkte meine neue Technik auf viele Leute seltsam, worauf es mir ankam, war aber, dass sie offensichtlich funktionierte. Putts aus sechs bis neun Metern lochte ich reihenweise ein. Der Golfjournalist John Hopkins schrieb dazu: »Wo man in diesem Jahr auch hinblickte, überall sah man Langer, der einen schrägen Griff, einen flachen Schwung und einen ungewöhnlichen Stil beim Putten verwendete – und trotzdem Turniere gewann.«

Zum Beispiel die Peugeot Open de España, bei der mich eine 67 in der dritten Runde in Führung brachte. Drei Löcher vor Schluss war diese Führung allerdings dahin und ich lag gleichauf mit Paul Carrigill. Am sechzehnten Loch gelang mir erfreulicherweise mit einem Putt aus 15 Metern ein Birdie und am siebzehnten Loch, einem Par 3, schlug ich ein Eisen 3 30 Zentimeter neben die Fahne, was mir den Sieg sicherte.

Außerdem gewann ich die German Masters mit einem Schlag vor Payne Stewart und José Maria Olazábal. Nach drei Runden lag ich zwei Schläge hinter Payne, aber dann brachten mir drei Birdies die Führung ein, die ich bis zum Ende halten konnte.

In den USA hatte ich 1989 einige gute Schlussrunden, aber es reichte nicht ganz zum Sieg. Bei der Federal Express St. Jude Classic wurde ich Zweiter mit drei Schlägen hinter John Mahaffey, außerdem Dritter bei der Heritage Classic, die Payne Stewart gewann.

Bei der Proberunde in Chepstow vor dem Epson Grand Prix teilte Peter Coleman mir mit, dass mich zwei Herren sprechen wollten, mit denen ich mich anschließend traf. Es waren Andrew Wingfield Digby, Leiter von »Christians in Sport«, und Bruce Gillingham, ein Pfarrer aus Birmingham. Sie stellten sich vor und fragten, ob eine Bibelgruppe während der European Tour wohl auf Interesse stoßen würde.

Ich erwiderte, dass ich einige Tage zuvor bei einem Gebetstreffen gewesen war, und als man mich dort nach meinem größten Gebetsanliegen fragte, gesagt hatte: »Die Einrichtung einer Bibelgruppe auf der European Tour.« Hier war die Antwort auf mein Gebet! Andrew, Bruce und ich sprachen über die Einzelheiten und vereinbarten, das erste Treffen bei der PGA Championship in Wentworth zu halten, die ein oder zwei Wochen später stattfand.

Über diese Entwicklung war ich sehr erfreut, weil eine Bibelgruppe in Europa aus meiner Sicht nötig war. Ich selbst hatte von einer solchen Gruppe in den USA profitiert und ging davon aus, dass es auch in Europa einige Leute gab, die daran Interesse finden würden. Meine eigenen Kenntnisse hielt ich in dieser Zeit noch nicht für ausreichend, um die Gruppe selbst zu leiten, und suchte deshalb nach einer geeigneten Person für die Aufgabe.

Unser erstes Treffen fand in Wentworth statt. Ich hängte einige Infozettel aus und die Tour erlaubte uns, den Sitzungssaal der Geschäftsführung zu benutzen. Es waren nicht viele Golfer anwesend, aber der Anfang war gemacht.

Zuerst begannen wir nur bei einigen wenigen Turnieren; heute, vierzehn Jahre später, finden die Treffen noch immer statt. Mark Pinney trat als Leiter an die Stelle von Bruce. Bedauerlich ist, dass die Bibelgruppe zahlenmäßig nicht sehr gewachsen ist. Das liegt zum Teil daran, dass der Anteil der aktiven Gottesdienstbesucher in Europa viel niedriger ist als in Amerika. Außerdem gehören Glaubensfragen in Europa zu den Dingen, über die man einfach nicht redet. Amerikaner sind in dieser Hinsicht viel offener.

An der Bibelgruppe während der US-Tour nehmen zwanzig bis sechzig Spieler, Ehefrauen, Caddies usw. teil; in Europa sind es eher sechs bis zwölf Personen. Manchmal halten wir offene Treffen – häufig mit meinem Freund Hermann Gühring –, bei denen wir uns mit Themen beschäftigen, die von allgemeinerem Interesse sind.

Ich würde es gern sehen, dass die Gruppe in Europa wächst, aber letztendlich können wir kaum mehr tun, als ein Angebot zu schaffen. Zur Teilnahme zwingen kann man schließlich niemanden. Wenn ich daran denke, wie viel Kraft und Frieden ich aus meiner Beziehung zu Gott geschöpft habe, erstaunt es mich, dass anscheinend so viele meiner Kollegen durchs Leben gehen können, ohne Gott je zu erlauben, Teil ihres Lebens zu werden.

Ich weiß, welche Freude und Geborgenheit ich durch meine Beziehung zu Gott erfahre, und möchte so gerne, dass andere Menschen das auch erleben; aber es ist ihre Entscheidung. Wenn sie es nicht wollen oder es ablehnen, ist es ihre freie Entscheidung. Alles, was man tun kann, ist, ihnen davon zu erzählen, es ihnen anzubieten; dann liegt es an jedem selbst, ob er das Angebot wahrnimmt.

Anfang der 90er Jahre

Die Jahre 1983–1987 waren golferisch betrachtet kaum zu übertreffen: Ich spielte besser als je zuvor in meiner Karriere. Allerdings nur bis 1988, als mich meine Putting-Probleme wieder einholten und ich wirklich verzweifelt war. Nachdem ich mich 1989 wieder davon erholt hatte, begann eine Periode von 1991 bis 1995, in der ich dreizehn Turniere in Europa gewann und meinen zweiten US-Masters-Titel holte.

1990 gewann ich bei der Cepsa Madrid Open mit Scores von 70, 67, 66 und 67. Mit zwei Schlägen vor Rodger Davis ging ich in die Schlussrunde, siegte mit einem Schlag Vorsprung. Die Überraschung des letzten Tages war Brett Ogle, der mit einer 61 bis auf zwei Schläge aufschließen konnte.

Die Austrian Open fand auf dem von Jack Nicklaus konzipierten Gut Altentann bei Salzburg statt. In der Finalrunde war ich im Rennen um den Sieg dabei, lag allerdings an Loch achtzehn, immerhin 450 Meter lang, einen Schlag hinter Lanny Wadkins. Als ich meinen Abschlag vom Tee mit einem Pull-Hook zwischen die Bäume setzte, schien jede Chance auf den Sieg vergeben.

Doch siehe da, es gab eine drei Meter hohe und einen Meter breite Lücke zwischen den Bäumen. Ich versuchte mit einem Eisen 7 durchzuspielen, und es gelang. Der Ball landete zwar 90 Meter zu kurz, aber ich setzte mein Wedge nah an die Fahne und konnte ein interessantes Birdie einlochen. Inzwischen hatte Lanny über das Grün geschlagen und fünf Schläge gebraucht, sodass wir mit 271 Schlägen und siebzehn unter Par gleichauf lagen.

Das Stechen begann an der Sechzehn. Am sechzehnten und siebzehnten Loch lagen wir even und kamen wieder zur Achtzehn. Lanny verpatzte einen Chip, mir gelang ein Up-and-Down aus dem Bunker zum Birdie und zum Sieg.

Ein unerwarteter Erfolg gelang mir in diesem Jahr beim World Cup (Team) in Grand Cypress in Florida. Ich hatte schon fünfmal beim World Cup für Deutschland gespielt, aber ohne je um die ersten Plätze kämpfen zu können. Ich hielt uns für gut genug, um konkurrieren zu können, aber in den meisten Jahren, in denen ich gut spielte, endete ich mit zehn bis fünfzehn Schlägen vor meinem Partner. Will man beim World Cup gewinnen, müssen jedoch beide Teampartner gut spielen.

Es war eine außergewöhnliche Woche, Torsten Giedeon spielte erstklassig. Kurz zuvor war er an der Qualifying School für die European Tour gescheitert, hatte seine Karte für die nächste Saison nicht bekommen. Er war so niedergeschlagen, dass er gar nicht darüber reden wollte. Ein gutes Abschneiden in dieser Woche war für uns wohl so unwahrscheinlich, wie es nur eben sein konnte – da war es zu Beginn der Woche nicht gerade ein Vergnügen, sich in seiner Nähe aufzuhalten.

Ich versuchte, ihn zu ermutigen; im weiteren Verlauf der Woche begann er, an sich zu glauben und gut zu spielen, sodass wir zur Spitze aufschließen konnten. Wir spornten uns gegenseitig an und wurden am Ende wirklich ein sehr gutes Team. Eine Überraschung waren wir – denke ich – für eine ganze Reihe Leute. Im Einzel wurden wir mit je 278 Schlägen jeweils Fünfter. Mit einer Gesamtschlagzahl von 556 hatten wir drei Schläge Vorsprung auf England und Irland. Es war bei weitem der größte Siegerscheck, den Torsten je erhalten hatte. Mit zwei Siegen und fünf weiteren Platzierungen unter den ersten drei wurde ich am Ende der Saison Vierter der Geldrangliste. Ironie des Schicksals war es wohl, dass ausgerechnet ich nach meiner Puttkrise Ende der 80er Jahre 1990 die Putt-Statistik in Europa mit einem Durchschnitt von 28,69 Putts pro Runde anführte!

1991 gewann ich vier Turniere auf drei Kontinenten, zuerst die Benson and Hedges International Open. Es ist eines jener bedauernswerten Turniere, die offenbar ständig vom Wetter benachteiligt werden. Mehrere Jahre lang wurde sie in St. Mellion in Cornwall im April oder Anfang Mai ausgetragen. Später wurde das Turnier – unter anderem wegen des Wetters – weiter landeinwärts verlegt. Aber als ich 1997 in Oxfordshire siegte, waren die Wetterverhältnisse zeitweise die schlechtesten, unter denen ich je gespielt habe. In der Vergangenheit war ich zweimal Zweiter und auch Dritter gewesen, ohne je den Titel zu holen.

Jetzt aber war die Pechsträhne endlich abgerissen. Immerhin hatte ich in den Jahren zuvor alle möglichen Sachen unternommen, nur um dieses Turnier zu gewinnen, unter anderem die Kletteraktion 1981, als ich auf den Baum stieg. Jetzt hatte ich es endlich geschafft!

Trotzdem war es auch diesmal ein merkwürdiges Turnier. Wie ein Jojo stieg ich die ganze Woche auf dem Leaderboard auf und ab, die Runden von 73, 68, 75 und 70 variierten stark. Kaum kam das nächste Tief, schärfte ich mir immer wieder ein, nicht den Mut zu verlieren. Fünf Löcher vor Schluss lag ich noch ganze fünf Schläge zurück. Ein Birdie am achten Loch brachte mich schließlich auf Trab, ich holte mit vier weiteren Birdies auf, spielte die zweiten Neun in 32. Am Ende kann man eben auch auf den letzten Löchern noch einiges bewegen, bei mir jedenfalls fielen eine ganze Reihe Putts. Zum Schluss lag ich mit einem Score von 286 zwei Schläge vor Vijay Singh. Die Bedingungen waren so extrem schlecht gewesen, dass ich als Einziger unter Par gespielt hatte. Nur 28 Teilnehmer hatten einen Score von unter 300.

Mein zweiter Turniersieg in Europa gelang mir bei der Mercedes German Masters, die in der Woche nach dem Ryder

Cup und jenem berüchtigten Putt in Kiawah stattfand. Wäre es nicht die German Masters gewesen, hätte ich mir wahrscheinlich eine Woche freigenommen; aber es war nicht nur die Mercedes German Masters auf heimatlichem Boden, sondern auch das Turnier, das von meinem Bruder und meinem Unternehmen veranstaltet wird.

Wie bereits erwähnt, stehe ich immer unter zusätzlichem Druck, wenn ich in Deutschland spiele, weil jeder Journalist ein Interview erwartet. Eine weitere Belastung liegt darin, das Turnier zu organisieren sowie den Sponsoren und VIP-Gästen zur Verfügung zu stehen.

Ich wollte unbedingt, dass das Turnier ein Erfolg wurde, schon deshalb war ein Sieg mein Ziel Nummer eins. Doch alle kannten nur ein Gesprächsthema, Kiawah: »Was war denn bei diesem Putt mit Ihnen los?« Schließlich erklärte ich, dass ich am Mittwoch vor dem Turnier über den Putt sprechen würde und dann nicht mehr danach gefragt werden wollte. Das war auch der Moment, in dem ich den Journalisten sagte, dass es nur einen einzigen vollkommenen Menschen gegeben habe, und der sei von uns gekreuzigt worden; verglichen damit war ein verpatzter Putt wirklich nicht so wichtig.

Nicht, dass ich mich gescheut hätte, über den Putt von Kiawah Island zu reden. Die Bibel gibt uns einen guten Rat, wenn sie sagt: »Vergiss, was hinter dir liegt, und strecke dich aus nach dem, was vor dir liegt.« Ich lebe nicht in der Vergangenheit, sondern in der Zukunft. Der Putt in Kiawah Island ging daneben; ich bedaure das, aber es ist nun einmal passiert und ich kann nichts daran ändern. Es hat keinen Sinn, sich ständig weiter damit zu beschäftigen.

Als ich am Sonntag beim Mercedes German Masters das achtzehnte Grün erreichte, hatte ich einen 5-Meter-Putt vor mir, um ins Stechen zu kommen. Meinen Kopf frei zu halten, war angesichts des Fehlschlags vom Sonntag davor nicht eben einfach. Ich betete um Hilfe, versuchte die Konzentration zu behalten, las die Puttlinie, schlug den Ball – und er ging ins Loch! Ich entschied das Stechen gegen Rodger Davis für mich.

Bei der Volvo PGA Championship in Wentworth schaffte ich den Cut und erreichte Platz vier. In der Woche zuvor war ich bei der Italian Open nach einer Runde mit einer Schulterverletzung ausgeschieden und hatte so den Cut verpasst.

Warum ich das erwähne? Jede Woche schafft das halbe Feld den Cut nicht. Obwohl die Tatsache, dass ich den Cut verpasste, damals nicht wichtig erschien, spielte sie doch eine interessante Rolle. 1996 spielte ich wieder bei der Volvo PGA Championship, ebenfalls in Wentworth, und schaffte den Cut abermals nicht. Dazwischen aber lagen 67 Turniere der European Tour, bei denen ich immer den Cut gemacht hatte. Die rekordträchtige Serie hatte seltsamerweise in Wentworth begonnen und dort wieder aufgehört.

Im Rückblick erscheint mir diese Serie fast unglaublich. Die Leute fragten mich, worin das Geheimnis meines konstanten Spiels bestehe. Die Antwort war alles andere als einfach. Der bis dahin gültige Rekord lag bei 56 Cuts und wurde von Neil Coles gehalten. Ich hatte ebenfalls eine Serie mit 54 Cuts von 1983 bis 1988 aufzuweisen. Es ist erstaunlich, dass ich zweimal vier Jahre lang spielte, ohne je den Cut zu verpassen, obwohl ich einige Male nahe dran war. Es gab Tage, an denen mir gar nichts so richtig gelingen wollte, aber mein kurzes Spiel brachte mich durch. Bei einem Turnier (der European Masters 1993) schied ich zwar wegen einer Schulterverletzung aus, was aber nicht als verpasster Cut gewertet wurde.

Bei der Hong Kong Open 1991 holte ich nach einer 63er Schlussrunde den Titel. Dass Nick Faldo mit einer 62 den Platzrekord hielt, war mir durchaus bewusst; ich spielte mit dem

Gedanken an einen neuen Rekord, traf aber dann die Entscheidung, mich auf den Turniersieg zu konzentrieren. Mit einem Platzrekord kann man sich nichts kaufen!

Außerdem gewann ich wieder die Million Dollar Challenge in Sun City – das höchstdotierte Golfturnier. Sun City gefällt mir wirklich sehr gut. Jeder Schlag ist eine Herausforderung. Man muss den gesamten Platz im Blick behalten, eine Anforderung, die mir sehr entgegenkommt. Ich führte mit acht Schlägen, als es in die Schlussrunde ging, und die Überlegung, auf Nummer sicher zu spielen, lag nahe. Allerdings waren die Fahnen teilweise so gesteckt, dass es gar keinen sicheren Schlag gab. Ich beschloss, aufs Ganze zu gehen. Offenbar bedeutet meine Gesamtschlagzahl von 272 (sechzehn unter Par) einen neuen Turnierrekord. Dieses Ergebnis war übrigens stolze 34 Schläge besser als der Score während meiner Putt-Krise in Sun City, wo ich meinen höchsten Score hinnehmen musste.

In dieser Woche lief jedenfalls alles perfekt, einschließlich meines zweiten Schlags auf der Zwei, einer 470-Meter-Bahn. Ich beschloss, das Grün trotz des Wasserhindernisses davor zu attackieren, aber es fehlte an der nötigen Perfektion. Der Ball ging gerade noch über das Wasser, traf aber auf einen Stein und hüpfte erfreulicherweise vorwärts auf sicheren Boden. An einem anderen Tag wäre er vielleicht rückwärts abgeprallt und doch noch im Wasser gelandet.

Es war ebenfalls damals in Sun City, dass ich am Start auf sehr originelle Art und Weise vorgestellt wurde. Jim Furyks Schwung wurde einmal mit einem Tintenfisch verglichen, der aus einer Telefonzelle herauszukommen versucht – was nichts daran ändert, dass er ein sehr erfolgreicher Spieler ist. Dale Hayes jedenfalls kündigte uns beide mit den Worten an, man könnte mit Jim Furyks Rückschwung und Bernhard Langers Durchschwung schon so manchen Knoten knüpfen! Damit spielte er natürlich auf die Art und Weise an, wie ich manchmal die Helikopter-Drehung an der Spitze des Durchschwungs vollführe.

Drei Tage vor Weihnachten beendete ich das Jahr mit einem zweiten Platz hinter Fred Couples bei der Johnnie Walker World Championship – meine Preisgelder hatten sich auf über zwei Millionen Dollar in diesem Jahr gemausert.

1992 gewann ich bei der Heineken Dutch Open im Stechen. Nach Runden von 68, 68 und 69 ging ich mit einem Schlag Vorsprung vor Mike McLean in die Schlussrunde. Wir spielten beide eine 72, weshalb ich weiter einen Schlag in Führung war. Gordon Brand jun. begann die Schlussrunde mit fünf Schlägen Rückstand, konnte das Defizit aber mit einer 67 ausgleichen. Mike hatte Pech, weil er eigentlich nach Abschluss der Runde einen Schlag vor mir lag, dann aber zwei Strafschläge hinnehmen musste, weil er auf der elften Bahn die Sträucher bewegt oder zur Seite gebogen hatte, nachdem sein Ball dort gelandet war. Wir teilten das erste Extraloch, am zweiten aber traf Gordons Annäherung nicht das Grün, sondern die Haupttribüne, sodass mir ein Par zum Sieg reichte.

Bei der Honda Open auf Gut Kaden in der Nähe von Hamburg gewann ich mit Runden von 69, 65, 70 und 69 und schlug Darren Clarke um drei Schläge. Das war in derselben Woche wie das World Matchplay, aber ich hatte mich für das Turnier in Deutschland entschieden. Eine gute Wahl!

Bei der BMW International Open endete ich schlaggleich mit Paul Azinger. Er gewann auch das folgende Stechen.

Ein Höhepunkt 1993 war mein zweiter Titel bei der US Masters, aber ich gewann auch die Volvo PGA Championship und die Volvo German Open. Bei der PGA Championship lag ich nach zwei Runden mit 70 und 69 Schlägen in Führung, sicherte mir den Sieg mit der folgenden 67 und 68. Der Shank am zehnten Loch der ersten Runde – der Ball ging 35 Meter nach rechts – war allerdings ein ziemlicher Schock. Das war mir schon vier Jahre lang nicht mehr passiert. In die Schlussrunde startete ich mit drei Schlägen Vorsprung und machte am zwölften Loch mit einem Eagle alles klar. Ich hatte ein Eisen 1 aus 200 Meter Entfernung 30 Zentimeter ans Loch gesetzt. Schon am Vortag hatte ich hier ein Eagle gespielt, diesmal setzte ich noch ein Birdie am dreizehnten Loch nach. Mit einem derartigen Vorsprung auf den Schlusslöchern macht auch der Abschluss einer Runde richtig Spaß, schließlich musste ich nur noch Leichtsinnsfehler vermeiden.

Mein Abschlag an der Vierzehn war miserabel getroffen – ich sagte der Presse, dass ich aus einer ziemlich schlechten Lage gespielt hätte! Es geschieht jedenfalls nicht oft, dass man mit einem Shank und einem völlig misslungenen Abschlag ein Turnier gewinnt, aber ich war eben schon immer ein bisschen anders als die anderen. Schließlich hatte ich ja auch schon in El Saler mit zwei Luftschlägen gewonnen!

Der Sonntag war für mich ein ziemlich ausgefüllter Tag, da wir frühmorgens einen Gottesdienst an der Achtzehn feierten, organisiert von »Christians in Sport«. Bruce Gillingham predigte; Gavin Levenson und ich waren ebenfalls beteiligt. Eine Reihe von Zuschauern schloss sich dem Gottesdienst an und viele weitere Zuschauer bekamen ebenfalls Teile mit, weil der Gottesdienst per Videoübertragung auf dem ganzen Platz zu sehen war.

Bei der Volvo German Open führte ich vom ersten Tag an, siegte mit Scores von 65, 68, 70 und 66 sowie fünf Schlägen Vorsprung auf Peter Baker. Im Anschluss habe ich festgestellt, dass ich mehr als zufrieden wäre, wenn ich für den Rest meines Lebens so putten würde.

Beim World Cup in Lake Nona in Florida gewann ich die Einzelwertung mit drei Schlägen Vorsprung. In der Teamwertung reichte es für mich und meinen Partner Sven Strüver nur für den achten Rang, während Davis Love und Fred Couples auf heimischem Boden siegten.

Nachdem ich die US Masters und die Volvo PGA Championship gewonnen hatte, rechnete ich mir gute Chancen für die US Open aus, fing mir aber im falschen Moment eine Nackenverletzung ein. Ich konnte mich nicht wie geplant auf das Turnier vorbereiten und verpasste den Cut.

Die British Open 1993 in Sandwich lief sehr gut. Allerdings war ich die ganze Woche schwer beschäftigt. Ich unterschrieb einen neuen Vertrag mit Wilson und erhielt von Firmenvertretern eine Trophäe zur Erinnerung an meine beiden Masterssiege mit Wilson-Schlägern. Am Dienstagabend sprach ich als Referent bei einer Golf Clinic von »Christians in Sport« im Rahmen eines Abendessens im Dover Castle. Während des Workshops betonte ich die Wichtigkeit einer guten Fußstellung und führte aus, dass ich bei Pro-Am-Partnern, die ich nicht kenne, schon am Anfang abschätzen kann, wie gut sie über achtzehn Löcher spielen werden, wenn ich ihre Fußstellung analysiere.

Einer der Anwesenden bat mich um eine Demonstration und eine Reihe von Leuten zeigten mir ihre Ansprechposition. Es gelang mir ziemlich gut, sie einzuschätzen. Bei solchen Anlässen muss ich mir genau überlegen, was ich sage, denn es gelangt hinterher leicht in die Presse. Bei einer anderen Gelegenheit meinte ich einmal, ich könnte vermutlich in jeder Runde einige Schläge sparen, wenn sechzehn statt vierzehn Schläger erlaubt wären. Ich dachte einfach daran, dass man bei zwei weiteren Wedges immer den richtigen Schläger für einen Pitch dabeihätte. Sofort verbreitete der Daily Telegraph am nächsten Tag das Gerücht, ich hätte mich für eine Änderung der Golfregeln ausgesprochen!

Auch bei einer Pressekonferenz vor der British Open musste ich mich mit einer ungewöhnlichen Geschichte auseinander setzen. In einigen Zeitungen war berichtet worden, ich würde das Golfspielen aufgeben, um christlicher Missionar zu werden. Ich hatte keine Ahnung, woher dieses Gerücht stammte, aber ich war gern bereit, jedermann zu versichern, dass ich vorhatte, noch zehn bis fünfzehn Jahre lang Turniere zu gewinnen. In dieser Woche habe ich einigen Mitgliedern der Golfpresse etwas Geld gekostet. Am Samstag spielte ich im letzten Flight mit Nick Faldo. Als die Journalisten sahen, dass die »Schnecken« Langer und Faldo zusammen als Letzte spielten, schlossen sie und die Fotografen offenbar Wetten auf die Länge der Runde ab. Die Schätzungen reichten, wie ich hörte, bis hin zu vier Stunden und vierzig Minuten für den Zweierflight. Schade um ihr Geld, aber wir beendeten die Runde nach drei Stunden und 48 Minuten!

Bei der Alfred Dunhill Open spielte ich sehr inkonstant mit Scores von 72, 64, 72 und 65. Wer eine 64 spielt, hat normalerweise gute Siegeschancen, ich aber blieb am Ende drei Schläge hinter dem Sieger Darren Clarke.

Das Canon Champions Shoot-out 1993 konnte ich für mich entscheiden. Solche Veranstaltungen machen immer viel Spaß, da läuft unter den Teilnehmern eben auch nicht alles so ernst wie üblich ab. Mein Sieg sicherte dem Charing-Cross-Krankenhaus in London einen Scheck über zwölftausend Pfund.

In den USA wurde ich Zweiter hinter Nick Price bei der Tournament Players Championship in Sawgrass. Seiner Eröffnungsrunde von 64 Schlägen rannte ich bis zum Ende hinterher. 1994 gewann ich die Murphy's Irish Open nach einem ziemlich engen Finish. Nach drei Runden lag ich noch vier Schläge hinter Robert Allenby, spielte die ersten Neun am Schlusstag aber in 31 Schlägen mit fünf Birdies. An der Sechzehn gelang mir noch einmal ein Birdie, sodass ich mit einer 67 einen Schlag vor Allenby und John Daly siegte.

Ich wusste, dass John Daly – der in der Schlussrunde eine 65 schoss – von Beginn an Gas gab, aber ich konterte sofort. Allerdings hätte ich mir den Sieg auch leichter machen können – in der dritten Runde traf ich sechzehn Grüns, machte aber nur zwei Birdies.

Golfspielen hat mir vom ersten Augenblick an, als ich es mit acht Jahren als Caddie entdeckte, Spaß gemacht, die Freude am Wettkampf habe ich nie verloren. Meine Fähigkeiten mit denen eines anderen Spielers zu messen ist etwas, das meinen Adrenalinspiegel immer steigen lässt. Muss ich in der Schlussrunde vier Schläge aufholen, um zu siegen, spornt mich das zu Höchstleistungen an.

Bei der Volvo Masters in Valderrama habe ich die bisher beste Runde meines Lebens gespielt. Valderrama ist ein Platz, auf dem man mit Köpfchen agieren muss, den Ball richtig positionieren und manövrieren muss. An diversen Löchern ist der Abschlag mit Holz 3 oder Eisen 1 die sinnvolle Strategie, schon deshalb, weil die Fairways sehr eng sind. An anderen Löchern kann man schon zufrieden sein, wenn man das Grün überhaupt getroffen hat, wobei diese so schnell sind, dass sie in der Folge noch Mühe genug bereiten. Speziell die Schlusslöcher spielen sich außerdem sehr schwierig. An der Siebzehn zum Beispiel ist vom Eagle bis zur Acht alles möglich. Meinen Designvorstellungen kommt das Loch nicht entgegen, ich hätte auf jeden Fall etwas Rough zwischen das Grün und das Wasser gesetzt oder das Grün tiefer gelegt. Die Achtzehn ist eine schwierige Schlussbahn, bei der ein guter Abschlag über die ersten Eichen geht und vor einer zweiten Eichengruppe anhält.

In der zweiten Runde spielte ich eine 62. Im Scorer-Büro war ich vor allem damit beschäftigt, zu überprüfen, ob ich auch wirklich alle achtzehn Löcher gespielt hatte! Die 62 war um so bemerkenswerter, als ich in keiner der anderen Runden unter 70 blieb. Ich lag zwei Schläge hinter Seve, als wir in die Schlussrunde gingen, übernahm die Führung erst an der Siebzehn und schlug Vijay Singh und Seve mit einem Schlag Vorsprung. Seve in Spanien zu schlagen, hat immer etwas.

Kurz vor dem Ende gab es eine kleine Kontroverse, als Seve einen Regelentscheid forderte. Sein Ball war am Fuß eines Baumes rechts vom Fairway zum Stillstand gekommen. Platzrichter

John Paramor, der Seve am Tag davor mit einer Strafe für langsames Spiel belegt hatte, entschied, dass eine Erleichterung nicht berechtigt sei. Seve verfehlte das Par und verlor um einen Schlag.

Seve und ich sind mit den Jahren gute Freunde geworden und kamen einander immer näher. Wir sind etwa gleichaltrig, beide verheiratet, haben Kinder, haben beide unsere Höhen und Tiefen durchgemacht; viele Gemeinsamkeiten also, obwohl wir vom Typ her ganz verschieden sind. Von Zeit zu Zeit gehen wir zusammen essen, spielen Übungsrunden zusammen, haben uns oft im Tour-Physiobus getroffen. Wahrscheinlich hat es manchmal den Anschein, als wären wir dort die zwei Hauptkunden.

Ich mochte in Spanien gewonnen haben, in Deutschland gelang es mir nicht. Ich begann die German Open in Düsseldorf ziemlich gut mit Runden von 69, 68 und 65, fand mich aber trotzdem drei Schläge hinter Colin Montgomerie wieder. Am Finaltag waren drei Birdies an den ersten sechs Löchern vielversprechend, leider konnte ich an den zwölf anderen Bahnen aber nur noch ein weiteres erzielen. Ich schloss mit einer 68, einen Schlag hinter Colin.

1995 kam ich auf drei Siege in Europa: die Volvo PGA Championship, die Deutsche Bank Open und die Smurfit European Open. Die Volvo PGA Championship in Wentworth gewann ich mit einem Schlag vor Michael Campbell und Per-Ulrik Johannsson. Es war mein erster Sieg in diesem Jahr – was bedeutete, dass ich siebzehn Jahre in Folge immer mindestens einen Turniersieg verbucht hatte. Die PGA Championship ist für mich ohnehin ein besonderes Ereignis. Sie ist die eigene Veranstaltung der Spieler, eines der größten Turniere im europäischen Turnierkalender. Das Turnier ist immer spannend und schwer zu gewinnen.

Nach drei Runden lag ich gleichauf mit Mark Mouland und einen Schlag vor Per-Ulrich Johannsson. Mark fiel zurück, ich blieb einen Schlag vor Per-Ulrik, wir hatten beide eine 71 gespielt. Michael Campbells 67 ließ mich allerdings auch ein Weilchen bangen. Ich spielte die ersten neun Bahnen in Par – ein Birdie und ein Bogey glichen sich aus –, verlor dann aber einen Schlag auf der Dreizehn, als ich das Grün mit einem Eisen 9 verfehlte und anschließend den Chip verpfuschte. Glücklicherweise gelang es mir an der Vierzehn ein Eisen 7 bis auf 1,20 Meter an die Fahne zu schlagen und mein Spiel durchzuziehen.

Die European Open im K-Club in der Nähe von Dublin war ein gutes Beispiel dafür, wie schnell sich die Dinge ändern können. Man muss eben, wie die Bibel es ausdrückt, bis zum Ende ausharren können. Meine 74 zum Start war nicht gerade berauschend, der Cut war alles andere als sicher. Eine 70 brachte mich über das Wochenende und wieder in eine sichere Position. Nach einer 68 in der dritten Runde lag ich nur noch drei Schläge hinter der Spitze. Am Sonntag spielte ich konstant gut, musste aber ständig darum kämpfen, zur Führung aufzuschließen. Die letzte Spielbahn hat 470 Meter, trotzdem kam ich dank Rückenwind aufs Grün. Als ich aus 21 Metern zum Eagle und zur 70 eingelocht hatte, führte ich gleichauf mit Barry Lane.

Nach diesem ewiglangen Putt machte ich einen Luftsprung und erntete einigen Spott von der Presse. Also wirklich! Wenn man nicht darüber jubeln kann, dass man mit einem geglückten Putt aus 21 Metern am 72. Loch zur Spitze aufschließt, worüber denn dann? Barry Lane war zwei Löcher hinter mir und sein Putt zum Sieg streifte den Lochrand, fiel aber nicht.

Das folgende Stechen gewann ich am zweiten Extraloch. An Bahn zehn landete Barry mit seinem zweiten Schlag im Bunker, lochte aber beinahe aus dem Bunker ein. Mir gelang ein Birdie-Putt aus sieben Metern zum Sieg. Natürlich ist es immer toll, ein

Playoff zu gewinnen, aber man fühlt mit dem Verlierer mit. Barry war den größten Teil des Turniers in Führung gewesen und schien den Sieg schon in der Tasche zu haben, als ich das Eagle machte.

Die Deutsche Bank Open gewann ich mit vier Runden unter 70. Eine 67 in der ersten Runde brachte mich in Führung, ich gab sie nie wieder ab. Ich spielte einfach die ganze Woche ziemlich gut und lochte viele Putts. Nach sechs Birdies auf den ersten zwölf Spielbahnen meinte einer der Caddies trocken: »Gebt ihm das Geld, dann können wir alle nach Hause gehen!« Eine nette Idee, aber sie ließen mich noch weitere drei Tage spielen. Im Golf gibt es das Sprichwort: »Hüte dich vor einem kranken Golfer!« Und ich hatte tatsächlich die ganze Woche über mit einer Erkältung zu kämpfen. Ich fühlte mich schrecklich, spielte aber gut!

1995 hatte ich eine echte Chance, die Players Championship in den USA zu gewinnen. Nach drei Runden schloss ich zur Führung auf und lag mit Corey Pavin einen Schlag vor Lee Janzen. Sowohl Corey als auch ich verloren ziemlich früh ein paar Schläge und Lee übernahm mit einem Birdie an der Zwei die Führung. Mit einem Doppel-Bogey auf der Vierzehn nahmen meine Siegesambitionen ein Ende, denn Lee hatte drei Schläge Vorsprung. Birdies an der Fünfzehn und Achtzehn konnten daran nichts ändern, Lee siegte mit einem Schlag Vorsprung.

Die Zeit Mitte der 90er Jahre war eine Phase des Erfolgs, ähnlich wie Mitte der 80er. 1995 sollte mir dann wieder einmal beweisen, dass man in diesem Spiel trotzdem nichts geschenkt bekommt.

Ein denkwürdiger Ostersonntag

Nach meinem ersten Masters-Sieg 1985 hatte ich irgendwie erwartet, dass mir ein Sieg bei den Major-Turnieren jetzt leichter fallen würde. Zwei- oder dreimal war ich in der Folge auch tatsächlich nahe dran, besonders bei der British Open. 1988 hatte ich die Yips, die ich zum Glück überwand. Anfang der 90er Jahre schließlich war ich entschlossener denn je, ein weiteres Major zu gewinnen.

Bei der US Masters hatte ich über die Jahre hinweg sehr konstant gespielt, seit 1984 jeden Cut geschafft und mich dreimal unter den ersten zehn platziert. 1987 ging ich neun Löcher vor Schluss sogar mit einem Schlag in Führung, verlor dann aber Schläge an vier von sechs Löchern. Mit einer 40 auf den zweiten neun war meine größte Siegeschance dahin. Es war übrigens das Jahr, in dem Larry Mize im Playoff Greg Norman und Seve besiegte, indem er einen Chip aus 27 Metern einlochte.

1993 hatte ich einen guten Start in das Turnier, spielte zwei ordentliche 68er und 70er Runden, die die geteilte Führung mit Don Forsman bedeuteten. Am Samstag gelang mir unter windigen Verhältnissen eine ausgezeichnete 69er Runde, die einen Vorsprung von vier Schlägen für die Schlussrunde bedeutete. Diese Position war bei einem Major völlig neu für mich.

Vier Schläge scheinen ein ordentlicher Vorsprung zu sein, bei einer Runde in Augusta können sie dahinschmelzen wie nichts – besonders wenn man gegen die besten Golfer der Welt antritt. Ich musste an 1985 denken, als Curtis Strange mir mit vier Schlägen voraus war und noch neun Bahnen zu spielen waren. Wenn ich an neun Löchern vier Schläge aufholen konnte, dann konnte ich auch vier Schläge verlieren. Das Turnier war noch längst nicht entschieden, Anlass zur Selbstzufriedenheit bestand nicht. Im Golf gibt es bekanntlich keine Garantie.

1996 lag noch in weiter Zukunft, aber die Art und Weise, wie Greg Norman mit einer Führung von sechs Schlägen begann und am Ende mit vier Schlägen hinter Nick Faldo lag, zeigt, was bei der Masters alles passieren kann.

Dass ich beste Aussichten hatte, den Titel zu holen, war mir klar, änderte aber nichts an meiner Nervosität. Auf den ersten neun Bahnen, die mir mit weniger Birdie-Möglichkeiten schwieriger erscheinen als die zweiten neun, spielte ich ziemlich ordentlich. Nach neun Löchern lag ich even Par, aber das Problem war, dass alle anderen besser spielten als ich. Mein Vorsprung von vier Schlägen war bis zum elften Loch auf einen einzigen geschrumpft. Chip Beck, mein Flightpartner und Dan Forsman, der ein Loch voraus war, waren meine engsten Rivalen. Da Chip Beck den Par-3-Wettkampf gewonnen hatte, sprach die Tradition gegen seinen Sieg – aber wie ich schon sagte, halte ich nichts von solchem Aberglauben!

Das elfte Grün liegt unmittelbar neben dem zwölften Tee – einem Par-3-Loch. Ich stand am Rand des Grüns und wartete auf Forsmans Abschlag, bevor ich an die Reihe kam. Sein Abschlag landete im Wasser, genauso wie der nächste Ball. Seine Siegeschancen waren damit gänzlich dahin. Meinen eigenen Chip am elften Loch hätte ich beinahe eingelocht, spielte dann aber doch nur ein Par.

Das bedeutete, dass die Entscheidung praktisch zwischen Chip Beck und mir fallen würde. Da wir zusammen spielten, durchlebten wir eine klassische Matchplay-Situation. Die Dreizehn ist ein ziemlich langes Loch, das 1993 noch 420 Meter lang war. Das Grün wird zudem durch ein Wasserhindernis verteidigt. Mein Drive – ich hatte eine ziemlich enge Linie links gewählt – war länger als der von Chip, der seinen zweiten Schlag zuerst machte, das Grün traf und eine Eaglechance hatte. Mir blieb der Schlag mit dem Eisen 3 aus einer Hanglage übers Wasser, der mir aber glückte! Chip machte ein Birdie, ich aber lochte den Eagleputt und konnte meinen Vorsprung auf zwei Schläge erhöhen. Es war einer der großen Putts, die man auf dem Weg zum Sieg lochen muss, er brach etwa acht Zentimeter.

Das zeigt, wie eng es werden kann und wie knapp die Spanne zwischen Erfolg und Misserfolg oft ist.

Als Chips Ball schon auf dem Grün lag und ich meinen zweiten Schlag machte, hätte ich das Grün verfehlen und im Wasser oder in einem der vielen Bunker landen können, sodass ich nur Par, womöglich gar ein Bogey oder Doppel-Bogey gemacht hätte. Stattdessen gelang mir ein Eagle, ich gewann einen Schlag.

An diesem Loch lässt sich auch gut zeigen, wie sehr sich Augusta mit der Zeit verändert hat. 1993 umfasste die dreizehnte Spielbahn 420 Meter, heute sind es 460. Die vierzehnte Spielbahn, die damals 360 Meter lang war, erstreckt sich heute über 400. Am vierzehnten Loch waren wir beide in zwei Schlägen auf dem Grün und spielten Par. Um ein Haar wäre es mir gelungen, den Birdie-Putt einzulochen.

Am 15. Loch, 450 Meter lang und mit Wasser vor dem Grün bestückt, beschloss ich, mit meinem zweiten Schlag vorzulegen. Es bestand kein Anlass, hier ein Risiko einzugehen, da ich auf den letzten Bahnen nur gleichauf mit Chip spielen musste. Nachdem ich geschlagen hatte, schien er eine Ewigkeit für seine eigene Entscheidung zu brauchen. Peter und ich sagten uns: »Er wird sicher aufs Ganze gehen, wenn er noch versuchen will, das Turnier zu gewinnen.« Aber er beschloss, ebenfalls vorzulegen. Mir gelang nach einem Pitch nah zur Fahne am hinteren Grünrand ein Birdie-Putt, während Chip sich mit einem Par begnügen musste. Eigentlich war das Turnier an dieser Stelle gelaufen, schließlich führte ich drei Löcher vor Schluss mit drei Schlägen.

Ich werde immer wieder gefragt, nach welchen Kriterien ich mich an der Fünfzehn dafür entscheide, das Grün mit zwei Schlägen anzugreifen oder nicht. Zuerst einmal muss man nahe genug dran sein und eine ausreichend gute Lage haben, um das Grün überhaupt erreichen zu können. Der zweite Faktor ist der Spielstand. An Chips Stelle wäre ich sicher aufs Grün gegangen, um einen Eagle zu versuchen und den Mitspieler unter Druck zu setzen. Indem er vorlegte, machte er es mir leichter.

Die letzten zwei Löcher mit einem Polster von drei Schlägen Vorsprung zu spielen, war ein sehr angenehmes Gefühl. Schließlich musste ich mir keine Sorgen mehr darüber machen, wie ich diese Löcher angehen sollte. Alles, was ich tun musste, war den Ball im Spiel zu halten, um zu gewinnen.

Die Sechzehn ist das Par-3-Loch mit Wasser auf der ganzen linken Seite. Ich spielte auf Sicherheit, mein Ball landete Mitte Grün. Damit blieb mir ein langer Putt bergab, der ziemlich schnell wurde und knapp einen Meter hinter der Fahne landete. Ich lochte ihn zum Par.

Mein Drive an der Siebzehn, 360 Meter lang, war gut, aber ich machte eine schwache Annäherung und verpasste das Grün auf der rechten Seite. Dennoch gelang mir das Par mit einem Chip und einem Putt. An der Achtzehn setzte ich meinen zweiten Schlag in einen Bunker auf der Seite des Grüns, kam aber mit einem sicheren Schlag aufs Grün und schloss mit zwei Putts. Die Runde hatte mit einem Bogey begonnen und aufgehört, dazwischen aber hatte ich genug geschafft, um mir den Sieg zu sichern.

Die ganze Woche über war ich ziemlich ruhig gewesen, hatte genug Selbstvertrauen in mein eigenes Spiel und dachte durchaus, dass ich gewinnen könnte. Ich wusste, dass Freunde für mich beteten. Zwei Personen riefen mich an, um mir mitzuteilen, dass sie während des Gebets den Eindruck hatten, dass ich gewinnen würde. Meine Mutter meinte dasselbe. Dass ich dies von mehreren Seiten hörte, gab mir große Zuversicht hinsichtlich meines Sieges.

Die Masters 1993 endete am Ostersonntag. Wie beim ersten Mal wurde ich zum Live-Fernsehinterview zur Butler Cabin gebracht. Die erste Frage lautete, wie sich der erste Masters-Titel mit dem zweiten vergleichen ließe. Meine Antwort lautete: »Es ist eine große Ehre, das bedeutendste Turnier der Welt zu gewinnen, besonders am Ostersonntag, dem Tag, an dem Jesus Christus, mein Herr, auferstanden ist.«

Mit diesen Worten, die live in alle Welt ausgestrahlt wurden, hoffte ich, meine Achtlosigkeit beim Interview von 1985 wieder gutmachen zu können. Die Gelegenheit, weltweit meinen Glauben an Jesus Christus bekennen zu können, war für mich etwas ganz Besonderes.

Pure Freude auf dem Weg zum 2. Major-Titel bei der US Masters in Augusta 1993.

Ich bin oft gefragt worden, über welchen Masterssieg ich mich mehr gefreut habe. Eine Antwort darauf kann ich kaum geben, weil sie beide auf ihre eigene Weise etwas Besonderes waren. Die erste Masters 1985 war mein erstes Major und mein erster Sieg in den USA. Nicht viele hätten damals erwartet, dass ich den Titel holen würde. Bei der zweiten Masters war ich inzwischen Christ geworden und siegte an einem Ostersonntag, der ein ganz besonderer Tag für alle Christen ist.

Manche Menschen können vielleicht nicht verstehen, warum es mir so viel bedeutete, als Christ an dem Tag zu siegen, an dem wir die Auferstehung Jesu Christi von den Toten feiern. Ich glaube fest daran, dass die Auferstehung Jesu tatsächlich geschehen ist. Es gab etwa 500 Augenzeugen, die Jesus wieder lebendig gesehen haben. Ich bin der Ansicht, dass man mehr Glauben braucht, Jesus Christus zu leugnen, als an ihn zu glauben. Nehmen Sie mich aber nicht einfach beim Wort – finden Sie es selbst heraus!

Entwicklungen im Spiel

Dieses Kapitel richtet sich an all diejenigen, die besonders an einigen technischen Aspekten im Golfsport interessiert sind. Ich selbst hatte vier Schläger, als ich mit acht Jahren anfing Golf zu spielen, und die musste ich mir auch noch mit allen anderen Caddies teilen. Man könnte sagen, dass ich seitdem innerhalb von mehr als dreißig Jahren durchaus die eine oder andere Veränderung in Sachen Golfausrüstung erlebt habe.

Als ich etwa dreizehn Jahre alt war, hatte ich als Caddie genug Geld gespart, um mir den ersten Satz Golfschläger zu kaufen. Es waren Kroydons. In Erinnerung geblieben ist mir vor allem auch meine Begeisterung für die Wedges, weil ich bis dahin für alle Schläge, die mehr Loft benötigten, maximal das Eisen 7 benützen konnte. Diese neuen Schläger habe ich gehegt und gepflegt wie kein anderes Set danach.

Meinen ersten Vertrag als Profi hatte ich mit Spalding. Dann spielte ich acht Jahre lang mit Ben-Hogan-Schlägern. Bei Wilson stand ich zwölf Jahre unter Vertrag und bedauerte es, die Firma zu verlassen – letztlich aber war es Wilsons Entscheidung, nicht meine. Das Problem war, dass Wilson gerade den Fat Shaft auf den Markt gebracht hatte (ein stark verdickter Schaft) und das ganze Marketing darauf konzentrieren wollte. Ich probierte den Schläger aus, mochte ihn aber nicht. Von Unternehmensseite hieß es, wenn ich den Fat Shaft nicht benutzen würde, hätte ich bei Wilson keine Zukunft. Angesichts der Tatsache, dass ich nicht mit diesen neuen Eisen spielen wollte, blieb mir keine andere Wahl als neue Schläger zu suchen.

Dann spielte ich ein Jahr lang Ping. Wie gesagt, hatte ich bei diesem Wechsel keine Wahl und wollte nicht denselben Fehler machen, den ich bei anderen Spielern beobachtet hatte: Viele wechseln die Schläger wegen eines guten Vertrags und müssen dann feststellen, dass sie überhaupt nicht damit zurechtkommen. Deshalb übte ich zwei Monate lang intensiv mit den Ping-Schlägern. Nach zwei Monaten kam ich zu dem Schluss, dass ich mit diesen Schlägern etwa 90 bis 95 Prozent meiner früheren Leistung erreichte und sie benützen konnte.

Für mich bedeuteten die neuen Eisen eine große Veränderung, weil ich zum ersten Mal nicht geschmiedete, sondern gegossene Eisen benützte. Ich dachte aber, dass die letzten fünf bis zehn Prozent mit der Zeit noch kommen würden. Allerdings war ich nicht völlig davon überzeugt und fühlte mich mit diesen Schlägern nie ganz wohl, obwohl ich nicht mit Sicherheit sagen kann, dass die Schläger das Problem waren. Vielleicht hatte ich auch ein wenig mit meinem Schwung zu kämpfen. Ich kontrollierte die Schläge nicht mehr so gut wie zuvor; ich schlug das eine Mal weiter, das andere Mal nicht ganz so weit wie erwartet oder der Ball ging etwas zu der einen oder anderen Seite – nie regelmäßig dahin, wo ich ihn haben wollte.

Die Schwierigkeit besteht darin, dass auf meinem Leistungsniveau ein einziger Schlag pro Runde den Unterschied zwischen dem Sieg und dem fünften Platz bedeuten kann. Wenn man die Bälle so weit schlägt wie die Profis, weicht der Ball bei nur einem Prozent Schlagungenauigkeit weit vom Ziel ab. Diese ein oder zwei Prozent können den Ausschlag geben und ich hatte den Eindruck, dass ich mindestens fünf Prozent Abweichung in Kauf nahm. Es funktionierte einfach nicht.

Ich arbeitete eng mit Ping zusammen, um einen Blade-Schläger zu entwickeln, der einem traditionellen Schläger ähnlich ist. Sie versuchten, einen Schläger zu entwickeln, der sich wie ein geschmiedetes Eisen anfühlte, aber das charakteristische Aussehen eines Ping-Eisens behielt. Es war ein Kompromiss und ich suchte – ehrlich gesagt – nach einem wirklichen Blade, da ich mein Leben lang Blade gespielt hatte, so weit aber wollte man bei Ping nicht gehen. Wir alle arbeiteten ziemlich hart, der neue

Schläger, den wir entwickelten, wurde sehr erfolgreich und beliebt, war aber nicht ganz das, was ich gesucht hatte. Am Ende einigten wir uns darauf, uns einfach im Guten zu trennen, ohne Verstimmung auf der einen oder anderen Seite.

Von Ping aus wechselte ich wieder zu Ben-Hogan-Schlägern – natürlich Blades. Die Ben-Hogan-Eisen habe ich immer gemocht, hatte schon früher einmal acht Jahre lang damit gespielt und einige sehr gute Jahre gehabt; sie entsprechen weitgehend dem Typ von Golfschlägern, mit dem ich aufgewachsen bin, und sehen sehr traditionell aus. Allerdings waren fünfzehn Jahre vergangen, seit ich Hogan-Schläger benutzt hatte. Da ich die freie Wahl hatte, beschloss ich, es wieder mit ihnen zu versuchen.

Die Partnerschaft funktionierte von Beginn an sehr gut: Ich hatte eine positive Einstellung zu den Schlägern und Hogan wollte mich unter Vertrag haben. Ich flog hin, um die Verantwortlichen zu treffen, probierte die Schläger aus und fühlte mich von Anfang an wohl damit. Ich war sicher, mit diesen Schlägern gut spielen zu können, und bei Hogan glaubte man, drei oder vier Sets könnten gut zu mir passen.

Im Lauf meiner Karriere hat die Schlägertechnologie riesige Sprünge gemacht. Ich begann mit Stahlschäften und Schlägerköpfen aus Holz. Inzwischen haben alle Hölzer einen Graphitschaft und fast alle einen Titankopf. Im gleichen Zug wie die Köpfe leichter wurde, nahm die Schaftlänge zu, wodurch mehr Schlägerkopfgeschwindigkeit möglich wird. Obwohl ich mit zunehmendem Alter etwas an Kraft verloren habe, schlage ich aufgrund der technologischen Entwicklung den Ball mindestens genauso weit wie früher, wenn nicht noch weiter. Der Haken bei dieser an sich sehr erfreulichen Tatsache ist, dass natürlich auch alle anderen weiter schlagen!

In meiner Golftasche habe ich einen Driver, ein Holz 3 und einen Putter. Dazu kommen die Eisen 3 bis 9 plus Sand Wedge,

Pitching Wedge und Lob Wedge. Mein vierzehnter Schläger ist entweder ein Holz 5 oder ein Eisen 2, mit denen ich gleich weit schlage, das Holz 5 aber mit einer höheren Flugkurve. Die Entscheidung für einen der beiden Schläger hängt also vom Design des Platzes und vom Wetter ab.

Wie Sie bemerkt haben werden, bevorzuge ich Blades, die ich abgesehen von meinem Ping-Intermezzo auch immer benützt habe. Ich mag die Art, wie sie sich anfühlen und wie sie aussehen. Außerdem präferiere ich V-Grooves – der einzige Nachteil sind »Flieger« aus dem Rough, die schwer zu kontrollieren sind. Aber ich bin daran gewöhnt und komme gut damit zurecht. Meine Wedges allerdings haben U-Grooves.

Wenn ich einen neuen Schlägersatz bekomme, nenne ich den Herstellern einige Einzelheiten, die mir wichtig sind. Mir ist es zum Beispiel lieber, wenn die »leading edge« (Führungskante) eines Schlägers abgerundet und nicht scharf ist. Die Sohle des Schlägerkopfs sollte gerundet und nicht völlig gerade sein, damit der Schläger etwas leichter durch den Boden geht. Es sind minimale Veränderungen, die die meisten Leute gar nicht bemerken, wenn sie sich die Schläger ansehen, aber ich habe einfach mit diesen Modifikationen ein besseres Gefühl für die Schläger.

Ich gebe außerdem noch an, wieviel Offset ich bei meinen Schlägern haben möchte. Die Winkel meiner Eisen entsprechen dem Standard. Mit 1,73 Meter gehöre ich nicht zu den größeren Spielern und lasse mir die Schläger deshalb etwas flacher machen, als es wohl bei einem größeren Spieler der Fall wäre.

Anhand all dieser Angaben wird mein Schlägersatz gebaut. Schon bei Berücksichtigung all dieser Details wären die Schläger wohl brauchbar, aber es gibt noch einige weitere Änderungen, die ich mir wünsche. Zum Beispiel bevorzuge ich etwas mehr Gewicht in den langen Eisen, um den Ball besser in die Luft zu bekommen.

Meine Entfernungen messe ich in Metern. Die verschiedenen Schläger werden dann so zugeordnet:

Pitching Wedge	110 Meter
Eisen 7	150 Meter
Eisen 3	190 Meter
Holz 3	210 Meter (Carry)
Driver	230 Meter (Carry)

Mit allen Schlägern kann man natürlich gerade schlagen oder den Ball manövrieren. Im Allgemeinen wird ein Fade drei bis fünf Meter kürzer fliegen, ein Slice zehn Meter weniger, ein Draw drei bis fünf Meter weiter und ein Hook zehn Meter weiter.

Zum Vertrag mit Spalding/Ben Hogan gehörte auch, dass ich zum Strata-Ball wechselte. Ich testete den Ball ausgiebig, bevor ich den Vertrag unterschrieb, und fand ihn großartig. Aber nachdem ich jahrelang den Titleist-Ball benutzt hatte, war es trotzdem eine ziemlich große Umstellung.

Ich hatte in meiner gesamten Karriere einen gewickelten Ball (Balata) benutzt, aber inzwischen bin ich überzeugt, dass die Zukunft in der Multi-Layer-Technik (Bälle mit zwei oder drei Lagen) liegt. Multi-Layer-Bälle fliegen mit dem Driver und den langen Eisen etwas länger, bringen es rund um die Grüns auf so viel Spin wie ein gewickelter Ball. Die Haltbarkeit eines Balls mit einem einteiligen, festen Kern ist obendrein deutlich besser.

Das Material Balata ist inzwischen Geschichte. Die Technologie ist so fortgeschritten, dass ein Two- oder Three-piece-Ball inzwischen mit einem ähnlichen Spin wie ein Balata-Ball hergestellt werden kann. Der Ball fühlt sich zwar etwas härter an, geht aber weiter. Die neuen Bälle vereinigen quasi die besten Eigenschaften des alten Balata mit zusätzlicher Entfernung. Bei einem Balata hinterlässt man eine Kerbe, wenn man ihn etwas dünn erwischt. Die neuen Bälle halten viel länger. Als ich mich vertraglich festlegte, Strata zu spielen, ging es nicht nur um einen einzigen Ball – es gab fünf oder sechs verschiedene Modelle, aus denen ich wählen konnte.

Aufgrund der technologischen Fortschritte bei Schlägern und den Bällen schlagen alle Golfer heute weiter. Das hat in der Golfpresse zu großen Debatten darüber geführt, ob man bei Turnieren bestimmte Modelle ausklammern sollte, um die Entfernung zu begrenzen, die Golfer ansonsten erreichen können. Tatsache ist schließlich, dass einige Löcher, bei denen Spieler vor fünfzehn Jahren zwei Hölzer gebraucht hätten, um das Grün zu treffen, heute von Tiger Woods, John Daly und ihresgleichen mit einem Driver und einem kurzen Eisen erreicht werden.

Mir sind alle Argumente für oder gegen eine Begrenzung bekannt, meine Ansicht jedenfalls ist die folgende: Vielleicht wäre es sinnvoll, die ständige Entwicklung von Schlägern und Bällen, die noch weitere Entfernungen zurücklegen, zu stoppen, aber ich denke, dass man wohl kaum rückwärts gehen und die Fortschritte der letzten Jahre wieder aufheben kann. Ich glaube nicht, dass man den Fortschritt rückgängig machen kann, indem man vorschreibt, dass ein Ball nun urplötzlich 30 Prozent kürzer fliegen muss. Würde man versuchen, die Geschwindigkeit festzulegen, mit der ein Ball vom Schläger abprallen kann, wie in aller Welt wollte man da Verstößen auf die Spur kommen? Das ist aus meiner Sicht einfach nicht durchführbar.

Die Sache hat auch Konsequenzen für die Golfindustrie. Golfhersteller müssen ihre Produkte verkaufen und wachsen. Ein großer Teil des Golfhandels beruht auf der Suche nach besseren Produkten, mit denen man besser spielen kann. Wenn man neues Equipment verbietet, nimmt man dem Spieler die Freude und schadet der eigenen Industrie.

Teil der Faszination des Golfsports ist es, den Ball weit schlagen zu können. Bringt man nun einen Ball auf den Markt, der kürzer fliegt, raubt man Golfspielern aller Leistungsklassen gerade das, was die eigentliche Begeisterung ausmacht. John Daly hatte immer das größte Gefolge auf der Tour – weil die Leute gern sahen, wie er den Ball über große Entfernungen schlug. Wenn er den Ball 46 Meter kürzer schlagen würde, glaube ich nicht, dass er noch halb so viele Zuschauer hätte. Eines der Probleme, die es meiner Meinung nach bei der technologischen Entwicklung der Schläger und Bälle gibt, ist die Tatsache, dass ein durchschnittlicher Spieler mit einer guten Ausrüstung Schläge spielen kann, die noch vor wenigen Jahren nur einem hervorragenden Spieler möglich gewesen wären. Damit verringert sich der Abstand zwischen herausragenden und durchschnittlichen Spielern – nur durch die Ausrüstung. Ein wirklich guter Spieler, der in der Vergangenheit mit der technisch begrenzten Ausrüstung hervorragende Schläge spielen konnte, sieht jetzt seinen Vorteil schwinden. Ein durchschnittlicher Spieler mit modernen Schlägern bringt heute ähnliche Schläge zustande. Zweifellos haben sich die Abstände durch die technologischen Fortschritte heute bei allen Golfspielern deutlich verringert.

Als ich zum Beispiel beschloss, den Strata-Ball zu spielen, wurden mir sechs verschiedene Modelle angeboten, nur um herauszufinden, welcher meinem Spiel am besten entsprach. In meiner Anfangszeit als Turnier-Pro gab es vielleicht insgesamt nur sechs vernünftige Bälle. Heute dagegen hat jeder einzelne Hersteller mindestens sechs verschiedene Bälle.

Es wird immer wieder die Frage gestellt, ob es nicht gerechter wäre, wenn alle Golfspieler bei einem Turnier denselben Ball benutzen müssten – wie bei einem Tennisturnier. Es wäre ein Riesenunterschied gegenüber dem jetzigen Zustand – besonders wenn man jede Woche einen anderen Ball vorschreiben würde. Die Vorstellung hat aber durchaus ihren Reiz. Würde Tiger Woods noch die Nummer eins sein? Ich glaube ja. Würde sich sein Abstand zur Konkurrenz vergrößern oder verkleinern? Wer weiß? Eine solche Regelung würde auf jeden Fall die reinen Spielfähigkeiten belohnen, denn jeder Spieler müsste diesen einen Ball verwenden und versuchen, ihn optimal zu nutzen. Der Profi hätte sich dem Ball anzupassen, während heute jeder einen

Ball hat, der auf seine individuellen Flug- und Abflug-Winkel abgestimmt ist.

Allerdings erscheint es mir sehr schwierig, jede Woche einen anderen Ball zu spielen, da jeder Ball eine andere Entfernung zurücklegt und eine andere Flugkurve aufweist. Ein wöchentlicher Wechsel wäre deshalb sehr verwirrend. Wenn man sich überhaupt für eine Begrenzung des Balles entscheiden sollte, müsste man einen bestimmten Ball wählen und alle Profis das ganze Jahr über damit spielen lassen. Die Golfer würden ein oder zwei Monate brauchen, um unter verschiedenen Bedingungen zu üben und sich an den Ball zu gewöhnen.

Problematisch bei diesem Konzept bleibt, dass es den Ballmarkt vernichten würde. Zurzeit kauft ein großer Prozentsatz der Öffentlichkeit deshalb einen bestimmten Ball, weil ein bestimmter Golfprofi ihn benützt. Der Einzelhandel im Golf wird vom Spielverhalten der Profis geprägt. Eine Änderung würde einen harten Schlag für die Golfindustrie und auch für die Profis bedeuten, weil diese keine Ballverträge mehr bekommen würden.

Ich nehme an, dass die Vorschläge zur Regulierung der Ausrüstung zum großen Teil dem Wunsch entspringen, den Golfplatz zu schützen – Golfer daran zu hindern, eine 55 zu spielen. Ein schwieriges Thema. Es gibt einige großartige alte Golfplätze, die vielleicht schon seit hundert Jahren existieren. Bedauerlicherweise ist es aber meiner Meinung nach unmöglich, sie zu schützen. Sie sind zu kurz. Man muss die Länge erhöhen, indem man die Tees vorverlegt, aber auf einigen Plätzen gibt es dafür nicht genug Raum. Augusta National zum Beispiel ist ein alter Platz mit viel Tradition, aber der Club verändert ihn ständig und lässt ihn verlängern, sodass er heute noch für die Golfer dieselbe Herausforderung darstellt wie vor zehn oder fünfzehn Jahren.

Kürzlich wurden 274 Meter hinzugefügt, sodass der Platz jetzt über 6648 Meter führt. Mittlerweile gibt es vier Par-4-Löcher mit mehr als 421 Metern. Die Achtzehn ist ein gutes Beispiel. Jeder erinnert sich noch an Sandy Lyle, der in der Finalrunde im Jahr seines Sieges den Drive in den Bunker setzte. Tiger Woods schlug im Jahr seines ersten Sieges problemlos über den Bunker hinweg, sodass ihm nur noch ein Wedge von 69 Metern blieb. Inzwischen hat man dieses Loch um 55 Meter verlängert, sodass der Bunker bei den meisten Leuten wieder ins Spiel kommt.

Aus meiner Sicht besteht die einzige Lösung in der Verlängerung der Plätze. Von mir designte Plätze sind heute viel länger als vor fünfzehn Jahren. Bunker habe ich früher bei 210 bis 233 Metern vom Tee angelegt. Heute sind es 233 bis 256 oder sogar 274 Meter, weil die Golfer heute den Ball viel weiter schlagen. Eine gute Platzkonzeption umfasst eine ganze Reihe von Tees, sodass man die Bunker für jeden ins Spiel bringen kann – vom Pro, der 256 Meter schlägt, bis zum Spieler mit mittlerem Handicap, der es auf 183 Meter bringt.

Andere Plätze weisen zahlreiche Löcher auf, die den Driver vom Abschlag ausschließen. Auch das ist eine Lösung. Aber es ist weder für den Spieler noch für die Zuschauer besonders spannend, wenn die Spieler viele Eisen vom Tee abschlagen. Ich bin zwar durchaus für einige Löcher mit engen Fairways und gut geschützten kleinen Grüns, aber man kann nicht einen ganzen Golfplatz darauf aufbauen.

Zusammenfassend besteht kein Zweifel daran, dass die technische Entwicklung beim Equipment einige Probleme verursacht hat; aber ich glaube, dass viele der vorgeschlagenen Lösungen mehr Probleme hervorrufen als lösen würden.

Erfolg mit einem langen Griff

1996 wurde zu einem harten Jahr – die Yips stellten sich wieder ein. Hinzu kam, dass ich nicht nur schlecht puttete, sondern obendrein in diesem Jahr phasenweise auch noch Schwierigkeiten mit meinem Schwung hatte. Mehrere Jahre lang hatte der getrennte, überkreuzte Griff wundervoll funktioniert, jetzt aber verschlechterten sich meine Putts deutlich. Meine Suche nach einer Lösung endete letztlich beim Broomhandle-Putter mit langem Schaft. In diesem Jahr siegte ich nur einmal, nämlich bei der Alfred Dunhill Masters in Hongkong. Es war das erste Mal seit 1979, dass ich in Europa kein Turnier gewonnen hatte. Mein neunter Platz in der Volvo Order of Merit (der europäischen Geldrangliste) war außer im Jahre 1988 (30. Platz) meine schlechteste Platzierung seit 1979.

Bei fünfzehn Turnierteilnahmen in Europa gelang mir nur bei der French Open eine Top-Ten-Platzierung. Fünf Jahre lang hatte ich in Europa keinen Cut mehr verpasst, 1996 scheiterte ich gleich dreimal, zum ersten Mal bei der PGA Championship. Das war umso enttäuschender, als ich Titelverteidiger war. Die Woche hatte eigentlich gut begonnen, als Adidas mir ein Paar goldene Golfschuhe als Erinnerung an die 5000 Meilen, die ich inzwischen in Adidas-Schuhen auf Golfplätzen zurückgelegt hatte, schenkte.

Die folgenden Probleme waren genauso auf das Golfspiel wie auf das Putten zurückzuführen. Meine Eröffnungsrunde von 73 Schlägen enthielt jedenfalls nur 26 Putts. In der zweiten Runde folgte eine völlig misslungene 74 mit Bogeys an den ersten drei Löchern; schlechte Schläge und schlechte Putts wechselten sich ab. Eine Chance, den Cut zu machen, blieb mir trotzdem, da ich vier Löcher vor Schluss nur einen Schlag über dem prognostizierten Cut lag. An der Fünfzehn verfehlte ich das Grün, an der Siebzehn folgte ein Dreiputt, an Sechzehn und Achtzehn vergab ich Birdiechancen – der Cut war kein Thema mehr.

Es war gewissermaßen das, was Jimmy Connors einen »schlechten Tag im Büro« zu nennen pflegte. Dass die Serie der Cuts irgendwann abreißen würde, war unvermeidlich. Schließlich war es in diesem Jahr erst mein drittes Turnier in Europa, sodass ich einfach von einer schlechten Woche ausging. Leider sollte sich im weiteren Jahresverlauf herausstellen, dass diese Woche typisch für das ganze Jahr war.

Ich zog mir eine Schulterverletzung zu, alles schien ständig schief zu laufen; bei der US Open wurde ich sogar disqualifiziert, als ich den falschen Score unterschrieb. Da ich den Cut ohnehin verpasst hätte, spielte der Fehler allerdings kaum eine Rolle. Bei der British Open schließlich musste ich nach der ersten Runde wegen einer Verletzung aufgeben.

Den Broomhandle-Putter (122 cm lang) benutzte ich zum ersten Mal bei der Lancôme-Trophy in Paris. Am Anfang fühlte ich mich damit etwas unbeholfen, aber es ging gut. Die ersten Neun spielte ich in dreißig Schlägen und fünf unter Par, die ganze Runde in 67 Schlägen. Es gelang mir nicht ganz, in dieser Manier weiterzuspielen, aber ich wurde immerhin Fünfzehnter und war sehr zufrieden über diesen ersten Versuch mit dem neuen Putter.

Ein Teil der Presse sprach von einem letzten Mittel, einem Akt der Verzweiflung. Ich sah das anders. Schon zweimal hatte ich meine Putting-Probleme durch harte Arbeit und die Änderung meiner Technik überwunden. Die Wahl des langen Putters war nur eine weitere technische Veränderung. Mit Gottes Hilfe in meinem Leben hatte ich die Kraft und die Entschlossenheit zu tun, was ich für richtig hielt, um das Problem zu lösen.

Die einzige Ermutigung in diesem Jahr erlebte ich bei der Alfred Dunhill Masters in Hongkong. Nach drei Runden lag ich drei Schläge zurück. Nachdem ich in Führung gegangen war, verschenkte ich den Sieg allerdings am fünfzehnten Par-3-Loch fast wieder. Während Kang Wook Soon ein Birdie schaffte, brauchte ich fünf Schläge. Mein Abschlag vom Tee war viel zu lang, schoss nach einem harten Aufprall durch das Grün. Dann verpatzte ich einen Chip, chippte noch einmal und brauchte zwei Putts.

Trotzdem hielt ich an meiner positiven Einstellung fest und meinte auf dem Weg zum sechzehnten Abschlag zu Peter Coleman, dass wir immer noch Chancen auf den Sieg hätten. Peter war an diesem Tag etwas müde, da er die halbe Nacht aufgeblieben war, um »seine« Fußballmannschaft Chelsea gegen Manchester United gewinnen zu sehen. Er meinte, wenn Chelsea in Old Trafford gewinnen konnte, dann sollte es mir auch möglich sein, in Hongkong den Titel zu holen.

Am fünfzehnten Loch hatte ich drei Schläge verloren, aber beim Golf dreht sich das Blatt eben sehr schnell. An der Sechzehn nämlich holte ich bereits wieder zwei Schläge auf, als ich aus viereinhalb Metern zum Birdie einlochte, während Kang fünf Schläge brauchte. Ich zog wieder an und gab die Führung bis zum Abschluss meiner 65er Runde nicht mehr ab, sodass ich mit zwei Schlägen Vorsprung siegte.

Es war mein erster Sieg seit dreizehn Monaten und erst das vierte Turnier, bei dem ich den langen Putter verwendet hatte. Alles in allem war ich ziemlich ermutigt, schon nach so kurzer Zeit mit dem Putter konkurrieren zu können. Dreizehn Monate ohne einen Sieg waren eine lange Zeit gewesen. Für mich war es besonders befriedigend zu beweisen, dass ich mit dem langen Putter gewinnen konnte. Die Grüns waren nicht die leichtesten, aber ich glaube nicht, dass ich wesentlich besser hätte putten können. Damals habe ich auch gesagt, dass es mir völlig egal sei, wie ich mit dem langen Putter aussähe – schließlich wird man beim Golf nicht dafür bezahlt, wie man aussieht, sondern für die Leistungen, die man bringt.

Beim World Cup in Südafrika wurde ich Dritter im Einzel, während Alexander Cejka und ich in der Teamwertung Vierter wurden. Mit Ernie Els auf dem ersten und Wayne Westner auf dem zweiten Platz im Einzel fiel der Sieg für das einheimische Team ziemlich deutlich aus.

Die Turniervorbereitung für das Jahr 1997 absolvierte ich, trotz meines bevorstehenden 40. Geburtstags, in der Überzeugung, dass meine besten Jahre noch nicht vorbei waren. Mein Drang nach Siegen war jedenfalls der gleiche wie eh und je.

Nach den stockenden Ergebnissen des Vorjahres erwies sich 1997 als ein ausgezeichnetes Jahr mit vier Siegen in Europa. Ich wurde Zweiter der Volvo Order of Merit hinter Colin Montgomerie. Außerdem gewann ich die Argentinian Masters, wurde Siebter bei der Johnnie Walker Classic und Vierter bei der Dubai Desert Classic. Im Mai kam die Saison dann richtig in Schwung.

Zuerst holte ich mir den Sieg bei der Comte of Florence Italian Open in Brescia. Die ganze Woche über war ich davon ausgegangen, dass José Maria Olazábal der Mann war, den es zu schlagen galt, und ich begann die Finalrunde mit drei Schlägen Rückstand hinter ihm. Meine Kalkulationen gingen in Richtung 65 oder 66 für einen Sieg und tatsächlich begann ich mit einem Birdie, dem ich noch drei weitere hinzufügen konnte. Nach einer 32 auf den ersten Neun wusste ich, dass ich auf den letzten neun Spielbahnen aggressiv bleiben musste. Auf der Zehn verlor ich einen Schlag, macht aber am elften Loch ein Birdie.

Auf der kurzen siebzehnten Spielbahn stand die Fahne nah am Wasser; ich attackierte sie trotzdem, der Ball landete aber auf einem kleinen Hang und rollte in den Bunker. Es gelang mir, den Ball bis auf dreieinhalb Meter ans Loch heranzuspielen und den Putt zum Par zu machen. Auf der Achtzehn nahm ich den Driver und nicht das sicherere Eisen 1. Ich landete – ganz knapp – im Rough, spielte von dort aufs Grün. Nach meinem Birdieputt ging ich zum ersten Mal in dieser Woche in Führung. Mit vier Birdies auf den letzten vier Bahnen spielte ich acht unter Par, eine Runde von 64 Schlägen und holte den Sieg mit einem Schlag Vorsprung. Es war herrlich, nach dem fruchtlosen Jahr 1996 wieder zu siegen.

Außerdem war das Ganze ein ziemlich ermutigender Start ins neue Jahr der European Tour. Noch wenige Monate zuvor war jeder Turniertag ein einziger Kampf, sowohl wegen meiner Gesundheit als auch wegen meines Spield, besonders beim Putten. Ich hatte mir eine Schulterverletzung zugezogen, meine Unterarme waren verspannt und hart. Die Muskelkrämpfe waren sicher keine Hilfe beim Putten, denn gute Putts gelingen nur, wenn man entspannt und locker ist. In den Wintermonaten arbeitete ich hart an meiner Gesundheit und an meiner Fitness und fühlte mich 1997 wesentlich besser. Auch der lange Putter stärkte meine Zuversicht auf den Grüns.

In der folgenden Woche siegte ich erneut, diesmal in England – bei der Benson and Hedges International Open in Oxfordshire gewann ich mit zwei Schlägen vor Ian Woosnam. Zu Beginn der Schlussrunde lag ich einen Schlag vor Ian und meinem Spielpartner Lee Westwood. Das Wetter meinte es in dieser Woche nicht gut mit uns – es war windig, regnerisch und auch sehr kalt. Am letzten Tag musste das Spiel sogar wegen des Wetters unterbrochen werden, als ich noch sechs Löcher zu spielen hatte. Seve kommentierte, dass man in England nun einmal frühestens im Juni Golf spielen sollte.

Meine Strategie für die Schlussrunde war eher konservativ: Birdies spielen, wenn sich die Gelegenheit ergab, aber im Übrigen eher auf Par gehen – nur keine Bogeys oder Doppel-Bogeys. Auf diese Weise waren die anderen im Zugzwang und mussten das Risiko eingehen, wenn sie mich einholen wollten – die Spielbedingungen waren dabei nicht eben leicht.

Die siebzehnte Spielbahn in Oxfordshire ist interessant. Sie ist 527 Meter lang und hat einen See. Die »richtige« Art zu spielen besteht darin, das Wasser auf der linken Seite zu lassen und dem Fairway zu folgen, das im Bogen um den See führt, um in drei Schlägen auf das Grün zu kommen. Bei einem guten Drive hat man zwar die Möglichkeit, in zwei Schlägen aufs Grün zu gehen, aber jeder zu kurze Schlag landet im Wasser. Die dritte Alternative ist der Weg über die linke Seite des Sees. Es ist das Loch, an dem Padraig Harrington vor einigen Jahren seinen zweiten Schlag ins Wasser setzte; er konnte einfach nicht glauben, dass er nicht übers Wasser kam, und wiederholte den Schlag noch zweimal, die Bälle verschwanden noch zweimal im Nass – und er beendete das Loch mit einer Dreizehn!

An der siebzehnten Spielbahn lässt sich gut veranschaulichen, wie ich Entscheidungen über die Kursstrategie treffe. Der siebzehnte Abschlag liegt 45 Meter vom sechzehnten Loch entfernt. Normalerweise gehen die Spieler zum Abschlag, während die Caddies das Fairway hinaufgehen. Ich nehme vielleicht drei Schläger mit – einen Driver, ein Holz 3 und ein Eisen 2.

Man weiß nie genau, wo der Abschlag gesteckt sein wird. Manchmal versetzen sie die Abschlagsmarkierung weit nach hinten. Wenn man das Grün nicht in zwei Schlägen erreichen kann – sei es durch Gegenwind oder weil man zu weit hinten abschlägt –, hat es keinen Sinn, den Driver zu benutzen und das Wasser ins Spiel zu bringen. Mit dem Eisen 2 oder dem Holz 3 hält man das Wasser aus dem Spiel. Selbst bei einem schlechten Schlag nach links bleibt der Ball noch vor dem Wasser liegen und ist im Spiel. Natürlich hat man in diesem Fall einen längeren zweiten Schlag, aber da man das Grün nicht in zwei Schlägen erreichen kann, ist das kein Problem. Wenn ich aber davon ausgehe, dass ich in zwei Schlägen auf das Grün kommen kann, gehe ich vielleicht das Risiko mit dem Wasser ein, nehme den

Driver und versuche, mir einen möglichst kurzen zweiten Schlag zu verschaffen.

In der Finalrunde in jenem Jahr führte ich an dieser Stelle. Ich glaube, Lee war einen Schlag hinter mir. Er nahm den Driver und versuchte das Grün mit zwei Schlägen anzugreifen, schaffte es aber nicht ganz. Sein Ball ging ins Wasser, er brauchte insgesamt sechs Schläge. Ich legte mit dem zweiten Schlag auf der linken Seite des Sees vor, mein Schlag mit dem Wedge war erstklassig und ich lochte zur Vier. Lee hatte einen guten Abschlag vom Tee gemacht und war vermutlich hin- und hergerissen, ob er das Grün erreichen konnte oder nicht.

Außerdem hatte er einen Schlag Rückstand und musste deshalb das Risiko eingehen und versuchen, auf das Grün zu schlagen. Ich machte dagegen drei gute Schläge auf die sichere Art und lochte zu einem Birdie ein. Natürlich läuft es manchmal genau anders herum – er hätte mit einem guten Schlag ein Eagle erreichen können, bei mir hätte es ein verfehlter Putt und nur ein Par werden können. Aber das ist eben Golf – man kann sich über den Ausgang nie sicher sein, solange das Spiel nicht zu Ende ist.

Mein einziger Fehler in der Runde am Sonntag war ein Schlag, den ich an der Zwei verlor. Nachdem ich zwölf Löcher gespielt hatte, mussten wir wegen Hagel eine Stunde vierzig unterbrechen, für mich eine ganz gute Pause. Als wir weiterspielten, hatte sich der Wind gelegt und die Bedingungen waren wesentlich leichter. Ich hatte die Pause für Dehnungs- und Lockerungsübungen in der Umkleidekabine genutzt.

Nach zwei Siegen hintereinander hätte ich eine bessere Fortsetzung erwartet als jene, die dann kam. Auf den Start mit einer 67 bei der Volvo PGA Championship folgten Runden von 75, 76 und 70 Schlägen und später verpasste Cuts bei der Deutsche Bank Open, der Irish Open und dem Loch Lomond World Invitational.

Nach einem Familienurlaub in Portugal kam ich gut erholt in Prag an, um bei der Chemapol Trophy Czech Open zu spielen.

Der Karlstein Golf Club liegt auf einer Anhöhe, überragt von einer Burg aus dem 14. Jahrhundert. Zu meiner Eröffnungsrunde mit 70 gehörte ein Triple-Bogey am fünften Loch. Allgemein wurde sehr niedrig gespielt und ich lag mit meiner 70 an 55. Stelle. Eine zweite Runde mit 67 brachte mich auf Platz 30, mit sechs Schlägen Rückstand auf die Spitze. Nach der dritten Runde mit 64 lag ich schon auf dem fünften Platz, aber immer noch vier Schläge zurück. Es fehlte noch ein kleiner Kraftakt zum Sieg. Der mir mit einer 63 bei Par 71 auch gelang. Ich gewann mit vier Schlägen Vorsprung und war sehr zufrieden mit der Genauigkeit meines kurzen Spiels, dem die zweiwöchige Pause offenbar nicht geschadet hatte.

An der Siebzehn stand wieder eine Entscheidung hinsichtlich der Platzstrategie an: Ich hatte an dem Loch mit 463 Metern einen guten Drive geschlagen und das Grün lag in Reichweite. Zwischen mir und dem Grün aber lag ein Tal mit dichtem Gestrüpp. Ich nahm das Holz 3, kam aufs Grün und schaffte ein Birdie.

Wegen meines Vaters berichtete die Presse besonders ausführlich über meinen Sieg bei der Czech Open, dabei ist er gar kein Tscheche. Er lebte in dem deutschen Teil der Region, die später zur Tschechoslowakei gehörte. Ich habe verschiedentlich gelesen, er sei ein gebürtiger Tscheche, aber das stimmt nicht. Ein Tscheche, der in dieser Woche dabei war, war Ivan Lendl. Leider verfehlte er den Cut.

Bei der BMW International Open in München wurde mir ein goldener Schläger zur Erinnerung an fünfzig Turniersiege überreicht. Es war der einzige »goldene Schläger«, den ich in dieser Woche bei mir hatte, denn ich endete sechs Schläge hinter Robert Karlsson. Bei der Lancôme Trophy lag ich die ganze Zeit ganz gut, bis eine 75er Schlussrunde meine Chancen zunichte machte.

Mein vierter Sieg auf der European Tour in diesem Jahr kam bei der Linde German Masters in Berlin, die in der Woche nach dem Ryder Cup stattfand. Es war mir gar nicht bewusst gewesen, bis mich jemand darauf aufmerksam machte, aber ich hatte zum dritten Mal in der Woche nach dem Ryder Cup gesiegt – 1991 bei der Mercedes German Masters und 1995 bei der Smurfit European Open. Ich bin nun mal ein Golfspieler, der die Vergangenheit hinter sich lässt und sich auf die Zukunft konzentriert.

Ich führte von Anfang an, aber wirklich entscheiden konnte ich den Sieg mit einer 60er Runde am Samstag, die einen Eagle und elf Birdies enthielt. Kaum zu fassen, dass es eine 58 hätte werden können. Ich hatte nämlich einen Dreiputt aus sechs Metern und einen Putt aus 90 Zentimetern, der auslippte. Hätte ich nur zwei Putts gebraucht und den kurzen Putt eingelocht, was mir normalerweise gelungen wäre, hätte ich eine 58 geschafft. Aber ein »hätte« oder »wäre« gibt es im Golf eben oft. Um eine solche Runde zu spielen, muss man eigentlich fast fehlerlos schlagen und dann die Putts einlochen. Während der 60er Runde hatte ich zum Beispiel einen Chip zum Eagle. Meine Abschläge waren gut, die Birdie-Chancen waren sauber herausgespielt, ich lochte die Putts – abgesehen von den genannten beiden Fällen. Mein Spielpartner José Maria Olazábal meinte, ich spiele wie E.T.!

Mich hat die Runde sehr gefreut, weil ich eine Unmenge Putts lochte und nie zuvor bei einem Turnier zwölf unter Par gespielt hatte. Man weiß nie, wann so etwas passieren wird, und es war besonders erfreulich für mich, dass es ausgerechnet in Deutschland geschah.

Ob es die beste Runde meiner Karriere bleiben wird, ist schwer zu beantworten. Jedenfalls ist es der niedrigste Score und das einzige Mal, dass ich zwölf unter Par spielte, aber die beiden 62er Runden in Valderrama und El Saler erzielte ich auf weit schwierigeren Plätzen.

Meine zweite Runde mit 69 Schlägen beinhaltete eine Sechs (Doppel-Bogey) am neunten Loch, das ich als achtzehntes spielte. Mein Ball war in einem mit Sand gefüllten Divot zum Liegen gekommen; ich hatte keinen guten Ballkontakt und schlug den Ball ins Wasser.

Amüsiert las ich in einem Golfmagazin, die German Masters diene als Arbeitsbeschaffungsmaßnahme für die Familie Langer, worauf der Hinweis folgte, dass ich in diesem Turnier spielte und mein Bruder Erwin das Turnier veranstaltete. Hinzu kam, dass meine Tochter Jackie und Erwins Tochter Martina an den Scoreboards arbeiteten. Meine Schwester Maria betreute den Pro-Shop und meine Frau sowie meine Mutter hüteten die Kinder einiger Golfer!

1998 gewann ich kein einziges Turnier. Mein bestes Ergebnis war ein zweiter Platz bei der Peugeot Open de France mit zwei Schlägen hinter Sam Torrance. Sam begann mit einer 64 gegen meine 71; ich konnte den Vorsprung zwar um zwei Schläge verkürzen, aber nie wirklich aufschließen.

Bei der BMW International Open wurde ich Vierter hinter Russell Claydon. Bei der Volvo Masters in Montecastillo erzielte ich mit einem Eisen 7 auf der vierzehnten Bahn mit 155 Metern ein Hole-in-One in der dritten Runde und spielte eine 67, wurde aber dennoch Fünfter hinter dem Sieger Darren Clarke.

Auch 1999 schaffte ich keinen Sieg, kam aber zweimal mit einem zweiten Platz nahe heran. Im Januar wurde ich bei der Heineken Classic in Perth, Australien, Zweiter mit nur einem Schlag hinter Jarrod Mosely.

Bei der Volvo Masters in Montecastillo erreichte ich einen zweiten Platz zusammen mit Padraig Harrington und Retief Goosen mit zwei Schlägen hinter Miguel Angel Jiménez.

Obwohl ich in der 66er Finalrunde fünf Birdies, ein Eagle und ein Bogey spielte, ging ich zu keinem Zeitpunkt in Führung. Es hätte mir sehr geholfen, mein Hole-in-One in Montecastillo zu wiederholen! Die Woche war dem Gedenken an Payne Stewart gewidmet. Am Ende der zweiten Runde ehrte ich ihn im Namen meiner Kollegen mit einer kurzen Rede.

Bei der WGC Andersen Consulting Matchplay Championship war ich an Position 25 gesetzt. Ich schlug Brad Faxon vier und zwei und Vijay Singh zwei und eins. Im Achtelfinale verlor ich um ein Loch gegen Jeff Maggert, der das Turnier schließlich gewann.

Die Greg Norman Holden International in Australien verschenkte ich auf wirklich unglaubliche Weise. In der zweiten Runde hatte ich eine 65 gespielt und war zu Beginn der Schlussrunde mit einem Schlag in Führung gegangen. Als ich zur Achtzehn kam, brauchte ich ein Par zum Sieg. Ich schlug den Ball aufs Grün, markierte den Ball und bereitete mich auf den Putt vor. Während ich meinen Ball noch in der Hand hatte, nahm ich meinen Marker auf – ohne den Ball zu setzen. Normalerweise setze ich den Ball vor dem Marker ab. Das war mir noch nie passiert, aber an diesem Tag passierte es. Fragen Sie nicht, warum ich es tat – es passierte einfach.

Es war so ziemlich das Dümmste, was ich je auf dem Golfplatz gemacht habe. Vielleicht litt ich unter einem Hitzschlag!

Den Putt musste ich einlochen, um ins Stechen zu kommen. Normalerweise lege ich in solchen Fällen grundsätzlich eine Münze hin, um den Ball zu markieren, gebe den Ball dann Peter und er säubert ihn. Dann bitte ich Peter, den Ball hinter die Münze zu setzen – nicht davor, damit er nicht im Spiel ist. Er setzt den Ball hinter die Münze, damit ich von der anderen Seite des Lochs aus die Linie sehen kann.

Er setzt also den Ball hinter die Münze und ich betrachte die Ball-Linie von beiden Seiten. Wenn ich dann bereit bin zu putten, setze ich den Ball wieder hin und nehme den Marker zurück.

Aber dieses Mal nahm ich die Münze auf, statt den Ball vor die Münze zu setzen. Als ich die Münze mit den Fingern fasste und gerade aufheben wollte – sie berührte an einer Seite noch den Boden, dachte ich plötzlich: »Was machst du denn da?«, und legte sie sofort wieder hin. Ich hielt es für richtig, den Platzrichter zu rufen, und bekam einen Strafschlag. Damit war das Turnier für mich vorbei. Es war einfach ein totaler Blackout.

An dem Loch kassierte ich also statt des anvisierten Pars ein Triple-Bogey. So weit ich mich erinnere, kostete die Sache mich A$ 112 500, aber vor allem – was noch wichtiger war – brachte es mich um den Sieg.

1999 erlebte ich noch einen weiteren seltsamen Zwischenfall bei der PGA Championship. Ich machte einen Übungsschwung am neunten Loch. Ein Fernsehzuschauer rief an und sagte, ich hätte dabei einen Zweig abgebrochen. Der Hauptplatzrichter der European Tour, John Paramor, sah sich das Video an und sprach dann mit mir.

Es ging darum zu entscheiden, ob ich die Bedingungen für meinen beabsichtigten Schwung verbessert hatte. In diesem Fall hätte ich zwei Strafschläge bekommen. Der Platzrichter kam jedoch zu dem Schluss, dass einige berechtigte Zweifel bestanden, ob der kleine Zweig, der abgebrochen war, sich tatsächlich im Bereich des beabsichtigten Schwungs befand. Es wurde keine Strafe angerechnet und ich wurde Siebter mit acht Schlägen hinter Colin Montgomerie.

In Sun City wurde ich Fünfter. Angesichts der Art und Weise, wie der Platz präpariert war, erwies sich Länge vom Abschlag als ein echter Vorteil. Die Grüns in Sun City sind sehr hart, da ist der Ball oft nur schwer zu halten. Natürlich ist es unter solchen Voraussetzungen besser, mit einem Eisen 9 oder einem Wedge statt mit einem Eisen 6 oder 7 aufs Grün zu gehen, und wenn man ausreichend Länge hat, ist das sicher möglich.

Als ich in der zweiten Runde mit Davis Love spielte, schlug ich am neunten Loch ein Eisen 3, während er ein Eisen 9 nahm. An der Zehn gelang mir ein guter Drive, ich musste aber noch ein Holz 3 schlagen, während Davis nur ein Eisen 6 brauchte. Das ist ein gravierender Nachteil, den ich durch ein präziseres Spiel mit den langen Eisen oder durch ein brillantes kurzes Spiel ausgleichen muss.

2000 erreichte ich wieder keinen Sieg, sondern landete zweimal auf dem zweiten Platz. Ich wurde Zweiter mit vier Schlägen hinter Stephen Leaney bei der Dutch Open in Noordwijkse GC und hinter Thomas Björn bei der BMW International Open in München. Ich lag siebzehn unter Par, Thomas dagegen zwanzig unter Par. Wann immer ich ein Birdie oder ein Eagle schaffte, schien er dasselbe zu machen. Es war dieselbe alte Geschichte: Ich spielte gut, aber ein anderer spielte besser.

Ein neues Turnier im Jahre 2000 war die Seve Ballesteros Trophy, ein Matchplay im Stil des Ryder Cups zwischen Kontinent-Europa und Großbritannien/Irland, das in Sunningdale ausgetragen wurde. Ich spielte viermal, wobei ich in zwei von drei Spielen siegte und dann Ian Woosnam vier und drei schlug. Ich begann mit einem Eagle und legte mit 29 Schlägen für die ersten neun Löcher die Grundlage für den Sieg. Nachdem ich zu Beginn meiner Karriere den Hennessey Cup gespielt hatte, freute ich mich über die Wiedereinführung der Veranstaltung.

Zwar hatte ich drei Jahre lang kein Turnier mehr gewonnen, hatte aber das Gefühl, nahe dran zu sein. Seit dem Sieg bei der Linde German Masters im Oktober 1997 war ich fünfmal Zweiter geworden. Vielleicht würde 2001 wieder mein Jahr werden.

Payne Stewart

Am 25. Oktober 1999 stand Payne Stewart auf den Stufen seines Hauseingangs und verabschiedete sich von seiner Frau und seinen Kindern. Später an diesem Tag starb er bei einem Flugzeugunglück. Er war der amtierende US Open Golf-Champion.

Mit 42 Jahren stand Payne in der Blüte seines Lebens und hatte gerade ein großartiges Jahr hinter sich, in dem er die US Open gewonnen und beim Ryder Cup im siegreichen US-Team gespielt hatte. In den ein oder zwei Jahren davor hatte Payne einen tiefen, inneren Wandel erlebt, eine Erneuerung seines christlichen Glaubens – äußerlich erkennbar an seinem Armband mit der Aufschrift WWJD (What would Jesus do?), das sein Sohn ihm geschenkt hatte. Er hatte angefangen, seinen Glauben zu überprüfen und zu vertiefen, nachdem er beobachtet hatte, wie sein Freund und Golfkollege Paul Azinger im Glauben Halt fand, als er gegen Krebs kämpfte.

Als mich die Nachricht erreichte, spielte ich gerade die Volvo Masters in Montecastillo, Spanien. Alle waren fassungslos. Wir konnten nicht begreifen, wie sein Leben einfach in einem Augenblick ausgelöscht werden konnte. Wir trauerten alle mit Tracey und den Kindern. Alle Spieler reagierten betroffen. Wir beschlossen, Payne auf irgendeine Weise zu ehren, riefen alle Spieler zusammen und vereinbarten, uns nach dem Spiel am folgenden Tag zu versammeln, damit einer von uns in einer kurzen Ansprache unsere Anerkennung für Payne zum Ausdruck bringen konnte.

Ich ging davon aus, dass Ken Schofield als leitender Direktor der European Tour diese Aufgabe übernehmen sollte, aber alle schienen mich vorzuschlagen und ich war gern dazu bereit. So versammelten wir uns am achtzehnten Grün und ehrten Payne als Mensch und als Golfspieler, aber auch als Freund. Wir wussten, dass wir ihn in Zukunft vermissen würden. Ich beendete meine Ansprache mit den Worten: »Payne, wir werden dich vermissen, aber wir wissen, dass du jetzt an einem besseren Ort bei deinem himmlischen Vater bist. Amen.«

Ich habe viele gute Erinnerungen an Payne. Er war musikalisch begabt und spielte in der Band »Jake Trout and the Flounders« mit Peter Jacobsen und einem oder zwei weiteren Musikern. Manchmal traten sie bei Turnieren auf. Payne war ein sehr aufgeschlossener, geselliger Mensch.

Selbst die Art, wie er sich kleidete, war anders – zum Beispiel mit der bunten Knickerbocker, die er trug. Er war kein Mensch, den man leicht übersehen hätte, hob sich immer von der Menge ab – nicht nur durch seine Kleidung, sondern auch durch seine Persönlichkeit. Sportlich war er ein Kämpfer, aber er verhielt sich anderen gegenüber immer fair. Jeder mochte ihn, man hatte immer Spaß mit ihm.

Ich habe ihn bei drei Ryder Cups zum Gegner gehabt. Er war im Wettkampf ehrgeizig und patriotisch wie andere auch, aber sein Verhalten bei den Einzeln mit Colin Montgomerie 1999 war typisch für ihn. Colin musste einige sehr unsportliche Reaktionen amerikanischer Zuschauer über sich ergehen lassen. Payne protestierte zuerst gegen die Tribüne. Als später das Ergebnis des Ryder Cups bereits feststand und das Match Montgomerie/Stewart als Letztes folgte, schenkte Payne Stewart seinem Gegner das letzte Loch und damit das Match.

Beim Trauergottesdienst in Orlando erzählte Paul Azinger zwei Geschichten über Payne. In einem Turnier hatte Paul Payne gerade geschlagen; Payne gratulierte ihm und erklärte der Presse noch, wie gut Paul gespielt habe. Als Azinger später in den Umkleideraum zurückkehrte, stellte er fest, dass Payne seine Schuhe mit Bananen gefüllt hatte!

Paul und Payne gingen oft zusammen angeln und Payne hatte

ein neues Boot gekauft, auf das er sehr stolz war. Eines Tages ging er in seine Garage und startete den Motor – einfach aus Freude am Klang der Maschine. Er ließ den Motor immer wieder aufheulen, bis der Motor plötzlich mit einem lauten Knall den Geist aufgab. Payne hatte nicht gewusst, dass ein Schiffsmotor nur im Wasser sicher funktioniert.

Wie Paul Azinger den Trauergästen erklärte, die dicht gedrängt in der First Presbyterian Church in Orlando saßen, machte Payne bei dieser Geschichte zwei Fehler: »Erstens machte er den Motor kaputt und zweitens erzählte er mir davon. Und ich erzählte es allen anderen!« Beim nächsten Turnier klebte Paul ein Bild auf Paynes Kabine – ein Bootsmotor mit der Aufschrift: »Einfach Wasser hinzufügen.«

Paul zitierte auch folgende Worte aus der Bibel: »Ich habe den guten Kampf gekämpft, ich habe den Lauf vollendet und bin treu gewesen. Jetzt liegt für mich eine Krone der Gerechtigkeit bereit.« Und er fügte hinzu: »Payne Stewart hat den Lauf vollendet und war treu. Jetzt gehört ihm die Krone der Gerechtigkeit.«

Bei der Trauerfeier wurde auch ein Auszug aus einem Fernsehinterview gespielt, das wenige Wochen zuvor für eine Golfsendung aufgezeichnet worden war; Payne sprach in diesem Interview über die Zukunft und sagte: »Ich werde an einen besonderen Ort kommen, wenn ich sterbe, aber ich möchte dafür sorgen, dass mein Leben etwas Besonderes ist, solange ich hier lebe. Doch wenn ich hier fertig bin, ist meine Zeit erfüllt.« Es ist wunderbar, dass er bereit war zu gehen. Ich weiß, dass ich ihn im Himmel wiedersehen werde.

Geld – die »Wurzel allen Übels«?

Manchmal werde ich gefragt, wie ich als Christ leben und gleichzeitig so viel Geld besitzen kann. Zweifellos bin ich ein wohlhabender Mann. Meine Einnahmen aus dem Golf sind öffentlich bekannt, da sie monatlich in den Tageszeitungen und Golfzeitschriften abgedruckt werden. Ich kann nicht leugnen, dass ich mit meinem Beruf viel Geld verdient habe. Ich habe bestimmte Talente und Begabungen und es ist ein Segen für mich, dass ich damit viel Geld verdienen kann. Andere Menschen haben andere Talente und arbeiten genauso hart, ohne soviel zu verdienen.

Das steht in völligem Gegensatz zu meiner Kindheit und Jugend, als wir kein Geld hatten. Wie gesagt: Als Kind habe ich meist die Kleidung meines älteren Bruders aufgetragen. Viele Jahre lang hatte ich fast nie etwas Neues anzuziehen. Die Ironie ist, dass ich mir damals neue Sachen gewünscht habe, sie mir aber nicht leisten konnte. Heute, wo ich es mir leisten kann, alles zu kaufen, was ich will, habe ich Verträge mit Bekleidungsfirmen – zum Beispiel sechzehn Jahre lang mit Hugo Boss und jetzt mit Lacoste – und bekomme nicht nur die Kleider kostenlos, sondern werde sogar noch dafür bezahlt, dass ich sie trage!

Nachdem ich sowohl Armut als auch Reichtum erlebt habe, glaube ich, dass ich eine ausgewogene Einstellung zum Thema Geld erreicht habe. Für mich ist Geld ein notwendiges Übel. Ich brauche nicht viel Geld, aber es schadet auch nicht, es zu haben. Es ist nichts Unrechtes daran, reich zu sein, solange Geld nicht zum Götzen wird. Allerdings kann es manchmal eine schwierige Gratwanderung sein – besonders heute –, weil Menschen so materialistisch geworden sind. Für viele wird der Besitz von möglichst viel Geld zur höchsten Priorität.

Ich habe tatsächlich nie viel Geld gebraucht, um glücklich zu sein, weil mir Geld nicht viel bedeutet. Nach Turniersiegen kaufe ich keine neuen Autos oder Boote, weil ich so etwas einfach nicht brauche. Zu den angenehmsten Dingen des Reichtums gehört für mich, dass ich erster Klasse reisen und in den besten Hotels wohnen kann, ohne jeden Cent umzudrehen. Reisen nehmen ja in meinem Leben einen großen Raum ein. Ich bin mehr als die Hälfte des Jahres von zu Hause weg. Mein Beruf verlangt von mir, dass ich körperlich und geistig gut auf meine Arbeit vorbereitet bin.

Die Erinnerung an meine Reisen in den ersten Jahren ist noch recht frisch: Nach zehn Stunden Sitzen im Auto war ich meist nicht so fit. Oder ich war nach zehn Stunden auf dem engen Sitz eines Flugzeugs so steif, dass ich mich drei Tage lang nicht richtig bewegen konnte.

Die Bibel sagt, dass Gott uns reich segnen wird. Jesus sagte: »Ich bin gekommen, damit ihr das Leben habt und es in Fülle habt.« Damit ist nicht unbedingt finanzieller Reichtum gemeint. Es könnte auch bedeuten, mit anderen Dingen reich gesegnet zu sein, aber ich denke, Geld ist darin durchaus eingeschlossen. Wenn man in der Bibel die Geschichte von König David oder König Salomon liest, sieht man, dass Gott sie mit großem Reichtum segnete. Und dann ist da noch die Geschichte von Hiob; von ihm heißt es nämlich, dass Gott ihn zu einem der reichsten Menschen machte.

In der Bibel wird einmal gesagt: »Eher geht ein Kamel durch ein Nadelöhr, als dass ein Reicher in das Reich Gottes kommt.« Als ich das zum ersten Mal las, ergab es für mich keinen Sinn; also fragte ich Larry Moody, den Seelsorger, der die US-PGA-Tour begleitete: »Bedeutet das, dass kein reicher Mensch je in den Himmel kommen kann?«

Er erklärte, dass mit dem Nadelöhr ein sehr enges Tor einer befestigten Stadt gemeint sei, in der es auch breitere Tore gäbe. Nachts würden die großen Tore geschlossen; durch das enge

Tor könnte ein Kamel sich zwar hindurchzwängen, aber es müsste zuerst von seinen Lasten befreit werden und gebeugt hindurchgehen.

Gemeint ist also, dass der reiche Mann zwar in den Himmel kommen kann, dass es aber für ihn viel schwieriger ist. Jesus verwies mit dieser Aussage wohl auf die Tatsache, dass die meisten Menschen reich werden, weil sie Geld höher achten als Gott, und betonte, dass wir Gott immer an die erste Stelle setzen müssen. Wir sollen keine Götzen haben und Geld kann ein Götze werden – das ist bei vielen Menschen heute zu beobachten.

Meine Kinder sind in einer wohlhabenden Familie aufgewachsen – für mich eine echte Herausforderung. Als ich ein Kind war, hatten wir sehr wenig. Heute, soweit es vernünftig ist, kann ich meinen Kindern alles kaufen, was sie wollen; ihre Erfahrungswerte sind völlig andere als meine, wobei ich mich sehr bemühe, ihnen den Wert des Geldes bewusst zu machen. Ich lege ihnen nahe, sich gut zu überlegen, wie sie ihr Geld ausgeben, und nichts zu kaufen, was sie nur haben wollen, weil sie es sich leisten können. Außerdem versuche ich ihnen beizubringen, was es heißt, ein guter Verwalter zu sein – zu erkennen, dass ihr Geld ein Geschenk von Gott ist und dass sie Gott einen Teil davon zurückgeben sollen, zum Beispiel wenn wir in die Kirche gehen.

Mir ist auch bewusst, dass ich für das Geld, das ich besitze, verantwortlich bin. Je mehr ich verdiene, desto mehr kann ich für Wohlfahrt und andere gute Zwecke spenden. Außerdem war mir immer bewusst, dass es nicht mein Geld ist, sondern dass ich nur ein Verwalter dessen bin, was Gott gehört. Ich versuche, kein Geld zu verschwenden, indem ich es für Dinge ausgebe, die ich nicht brauche. Ich glaube, dass ich Gott einmal für das, was ich mit meinem Geld mache, Rechenschaft ablegen muss.

Wie gesagt: Je mehr ich verdiene, desto mehr habe ich, um es weiterzugeben. Ich spreche nie über das, was ich gebe, denn in der Bibel steht, wenn man anderen davon erzählt, hat man seine Belohnung schon auf der Erde empfangen und wird sie im Himmel nicht bekommen. Falls ich also damit prahlen würde, wie viel Geld ich spende, hätte ich meine Belohnung schon erhalten. Und das will ich nicht.

Mit Geld sind auch Versuchungen verbunden. Man muss deshalb sicher sein, dass man die richtigen Prioritäten setzt und nichts einfach des Geldes wegen tut. Aber ich habe festgestellt, dass Geld mir immer weniger wichtiger wird, je mehr ich davon habe. Andere Leute sagen, je mehr Geld sie besitzen, desto mehr wollen sie haben – eine Empfindung, die ich nicht teile.

Ich bin mir sicher, dass Gott mit keinem Wort sagt, dass man arm sein sollte, dass man kein Geld haben dürfe oder dass man mit seiner Arbeit nicht erfolgreich sein dürfe. Er ist es doch, der uns unsere Talente gegeben hat. Er gab mir das Talent, so gut Golf zu spielen; das habe ich nicht mir selbst zuzuschreiben. Natürlich habe ich hart gearbeitet und diese Talente so gut genutzt, wie ich konnte; aber wenn er sie mir nicht gegeben hätte, wäre ich heute nicht da, wo ich stehe.

Ein Journalist fragte mich einmal, was ich wählen würde, sollte ein Feuer in meinem Haus ausbrechen, alle Menschen wären in Sicherheit und ich könnte nur einen Gegenstand mitnehmen. Mir fiel einfach nichts ein. Ich bin kein materialistischer Mensch; in meinem Haus gibt es nichts, worauf ich nicht auch verzichten könnte.

Glücklich zu sein bedeutet für mich, Menschen um mich zu haben, die meine Familie sind, die ich liebe und die mir viel bedeuten. Und es bedeutet, Gott zu kennen. Alles andere sind nur materielle Dinge. Ich genieße es, ein gutes Auto zu haben, aber Autos werden irgendwann verrosten und wenn man stirbt, kann man nichts Materielles mitnehmen.

Das Schwierigste im Lebensstil eines Turniergolfers ist das Reisen, die Tatsache, dass man so viel von zu Hause weg ist. Jetlag wird zum Alltag. Es ist nicht so wie bei einem Geschäftsmann, der zwei oder drei Tage unterwegs ist. Ich bin gewöhnlich zwei oder drei Wochen hintereinander weg. Mir ist bewusst, wie viele Dinge ich im Leben meiner Kinder verpasst habe – wie sie ihre ersten Schritte machten, die ersten Worte versuchten und vieles mehr. Und ich war an so vielen Geburtstagen nicht bei ihnen.

Im Augenblick spiele ich etwa 25 bis 27 Turniere im Jahr und Vikki begleitet mich bei vielleicht fünfen davon. Bei den Turnieren in Florida kommt sie manchmal über das Wochenende nach, aber es ist alles ganz anders als damals, als sie fast ständig bei mir sein konnte. Ich sehne mich danach, mehr Zeit zu Hause zu verbringen.

Der Lebensstil eines Golfers stellt eine enorme Belastung für die Ehe dar, weil man so viel unterwegs ist. Vikki erwähnt manchmal, wie sie sich mit der Zeit daran gewöhnt hat, dass ich nicht da bin. Es ist so, als führten wir zwei verschiedene Leben – ein gemeinsames und ein getrenntes – und es braucht Zeit, sich von dem einen auf das andere umzustellen.

Mir ist bewusst, dass ich ein selbstbezogeneres Leben führe, wenn ich allein unterwegs bin. Alles dreht sich nur um mich. Ich habe mehr Zeit, das zu tun, was mir beliebt. Wenn ich zu Hause bin, versuche ich, der Familie zu dienen – für sie da zu sein, ihnen zu helfen und an ihrem Leben Anteil zu nehmen. Dasselbe gilt für Vikki; wenn ich weg bin, muss sie für alles allein die Verantwortung tragen. Wenn ich zu Hause bin, kann ich sie darin unterstützen.

Wir haben jetzt vier Kinder: Jackie (1986), Stefan (1990), Christina (1993) und Jason (2000). Elternschaft ist eine sehr schwierige, aber lohnende Aufgabe. Kinder zu erziehen, bedeutet sicher eine große Herausforderung. Für mich sind sie ein unvergleichlicher Segen und ich würde auf keinen Fall darauf verzichten wollen, Kinder zu haben. Ich glaube, dass Eltern sich Zeit für ihre Kinder nehmen und ihnen alles beibringen sollten.

Unsere Kinder sind in einer ungewöhnlichen Umgebung aufgewachsen, da sie schon als Babys angefangen haben, in der Welt herumzureisen. Trotzdem haben sie meiner Meinung nach von meinem Lebensstil profitiert. Für sie ist es ein großes Vorrecht, so viele Reisen gemacht und so viel von der Welt gesehen zu haben. Wenn man andere Länder sieht, anderen Menschen begegnet, andere Sitten kennen lernt, entwickelt man ein ausgewogeneres und tieferes Verständnis der Welt. Auch ich selbst empfinde, dass ich auf meinen Reisen sehr viel gelernt habe – wo verschiedene Länder liegen, welche Währung man dort benutzt, wie die Menschen sich ernähren und so weiter.

Zum Beispiel ist uns in Spanien aufgefallen, dass man dort unmöglich um 18 Uhr auswärts essen kann. Die Spanier essen erst um neun oder zehn Uhr zu Abend. Wenn man also mit seinen Kindern essen gehen will, kann man sie nicht früh ins Bett bringen; das ist in Spanien einfach nicht möglich.

Manchmal kommt es auch zu Spannungen, wenn die Familie bei einem Turnier dabei ist. Wenn ich den Eindruck habe, dass ich ein Schwungproblem habe und eine Stunde lang Bälle schlagen muss, um den Grund herauszufinden, verstehen meine Kinder das unter Umständen nicht, weil es so aussieht, als wollte ich keine Zeit mit ihnen verbringen. Sie denken dann vielleicht: »Du hast deine Runde beendet; dann vergiss doch mal das Turnier und komm mit uns.« Normalerweise finden wir einen Kompromiss und manchmal ist die Aufforderung, das Turnier für einen Abend zu vergessen, genau das, was ich gerade hören muss.

Das Schöne ist, dass es den Kindern – besonders, als sie noch jünger waren – ziemlich egal ist, ob ich eine 65 oder eine 75 geschlagen habe; sie wollen einfach Zeit mit mir verbringen. Allerdings muss ich mich manchmal ziemlich zusammenreißen und die 75 hinter mir lassen, damit ich meine schlechte Laune nicht mit mir herumtrage, wenn ich mit meiner Familie essen gehe. Das fällt mir nicht immer leicht.

Da ich Deutscher bin und Vikki Amerikanerin, sind die Kinder mit zwei Sprachen und zwei Kulturen aufgewachsen. Obwohl wir in den USA leben, liegt mir viel daran, dass unsere Kinder ihre Verbindung zu Deutschland bewahren und weiter Deutsch sprechen, was sie alle können – die einen besser als die anderen. Die beiden älteren Kinder wurden in Deutschland geboren, die beiden jüngeren in Amerika. Sie haben alle die doppelte Staatsbürgerschaft und können später selbst entscheiden, welcher Nationalität sie angehören wollen.

Im Allgemeinen genießen es die Kinder, das halbe Jahr in Deutschland und die anderen sechs Monate in Amerika zu verbringen. Manchmal gefällt es ihnen in Deutschland so gut, dass sie traurig sind, wenn wir Abschied nehmen und nach Amerika zurückfliegen müssen. Ich denke, sie nehmen sowohl in Deutschland als auch in Amerika die guten und die schlechten Seiten wahr. Es war gut für sie, mit beiden Kulturen vertraut zu werden.

Was mich betrifft, so bin ich immer gern in den USA gewesen; auf das Leben dort habe ich mich immer leicht eingestellt. Wobei ich auch festgestellt habe, dass es in den USA viel leichter ist, Kontakte zu knüpfen als in Europa. In Deutschland redet man Menschen mit »Herr« oder »Frau« an, bis man sie wirklich gut kennt. In den USA benutzt man von Anfang an den Vornamen. Manchmal hat es Vikki in Deutschland schwerer, weil sie nicht so gut Deutsch spricht, sodass es für sie mühsam ist, sich an Gesprächen zu beteiligen.

Wenn ich zu Hause bin, versuche ich, ab 15 Uhr für die Kinder da zu sein. Ich hole sie von der Schule ab und bleibe in der Nähe; so kann ich bei Bedarf den Chauffeur spielen, Jackie beim Fußball zuschauen, mit Stefan Golf spielen, Vikki im Haushalt helfen – einfach ein normaler Vater sein.

Für ein oder zwei Wochen im Jahr gehen wir normalerweise Ski fahren, was uns allen viel Spaß macht. Die ganze Familie kann recht gut Ski laufen. Überhaupt treiben wir alle gern zusammen Sport, egal ob Inline-Skaten, Bowling, Radfahren,

Basketball oder Fußball (in Amerika soccer). Wir sind einfach gern an der frischen Luft.

In der Schule treiben alle vier Kinder Sport. Dieses Jahr hat Jackie in der Schulmannschaft Fußball gespielt; Christina ist mehr fürs Turnen und Stefan interessiert sich inzwischen sehr für Golf. Ich spiele gern mit Stefan Golf – ob wir nun eine Runde spielen oder einfach üben. Jackie hat auch ein wenig Golf gespielt und Christina schlägt manchmal ein paar Bälle, aber keine von beiden zeigt größeres Interesse.

An den Abenden oder Wochenenden machen wir gern Brettspiele – Monopoly, Risiko oder was wir sonst noch haben. Leider macht sich mein Wetteifer auch bei Brettspielen noch bemerkbar und ich lasse die Kinder nicht einfach gewinnen, wenn sie mich nicht fair und nach den Regeln besiegen. Ich versuche zwar, mich mehr zurückzuhalten, aber es liegt mir einfach im Blut, alles, was ich tue, gut machen zu wollen. Wenn ich beim Spielen die Nase vorn habe, versuche ich den Kindern allerdings zu helfen, indem ich ihnen meine Strategien erkläre, damit sie es beim nächsten Mal besser machen.

Ich halte es für wichtig, möglichst gemeinsam zu frühstücken und zu Abend zu essen. Es ist eine gute Möglichkeit, zwanzig bis dreißig Minuten zusammen zu sein, miteinander zu reden und auf dem Laufenden zu bleiben. Beim Frühstück lesen wir einen kurzen Abschnitt aus der Bibel und beten als Familie gemeinsam.

Da ich den größten Teil des Jahres unterwegs bin, kann ich nicht regelmäßig an Veranstaltungen unserer Kirchengemeinde teilnehmen. Wenn ich mehrere Wochen zu Hause bin, besuche ich gern eine Bibelgruppe; dort lesen wir gemeinsam die Bibel und machen zwischen den Treffen einige Hausaufgaben, um uns auf die nächste Bibelbetrachtung vorzubereiten.

Vikki und ich versuchen, jede Woche einen Abend zusammen auszugehen. Wir essen in einem Restaurant oder machen einen Spaziergang am Strand, außerdem haben wir kürzlich eine Gemeinde in Fort Lauderdale gefunden, die einen großartigen Prediger hat. Diese Gemeinde besuchen wir am Samstagabend und gehen anschließend zusammen essen. Das ist dann unsere Verabredung für den gemeinsamen Abend, und wir genießen es beide sehr.

Während die Kinder in der Schule sind, gehen wir mittags gern auswärts essen oder machen Spaziergänge. In der Umgebung unseres Hauses gibt es einen schönen Wanderweg über etwa fünf Kilometer. Bei diesen Spaziergängen können wir uns austauschen und über Entscheidungen sprechen, die wir treffen müssen. Wenn ich zu Hause bin, gehe ich vier- oder fünfmal pro Woche in den Fitnessraum und trainiere eineinhalb Stunden lang. Es gibt kaum eine Sportart, die ich nicht mag, deshalb nutze ich auch die Gelegenheit, Tennis zu spielen; Sportsendungen im Fernsehen verfolge ich ohnehin gerne.

Zu meinen Anfangszeiten, als ich gerade die ersten Turniere gewonnen hatte, dachte ich noch, ich könnte ein berühmter Golfer werden und trotzdem Privatperson bleiben. Das hat sich als Illusion erwiesen. Viele Leute glauben, sie hätten ein Recht darauf, jederzeit mit mir zu reden, mich zu unterbrechen oder ein Autogramm zu verlangen, während ich versuche, ungestört mit meiner Familie zu Abend zu essen. Ich musste mein Leben umstellen, um damit besser umgehen zu können. Irgendwann bin ich für mich zu dem Schluss gekommen, dass ich wohl besser mit diesen Beeinträchtigungen lebe, weil sie positiver Ursache sind. Sie bedeuten ja, dass ich beliebt bin und meine Sache gut mache. Man sagt, schlimmer, als Autogramme geben zu müssen, sei es, nie danach gefragt zu werden! Wenn man alle Faktoren abwägt, ist Ruhm in Verbindung mit weniger Privatsphäre das geringere Übel.

Zehn bis zwanzig briefliche Autogrammwünsche pro Tag sind für mich die Regel. Das ist zwar nicht viel, aber wenn ich drei

Wochen unterwegs war, wächst der Stapel deutlich an. Ich habe eine Sekretärin, die alles für mich vorbereitet, aber unterschreiben kann sie nicht für mich! Ich verbringe mehr Zeit im Büro, als mir lieb ist, aber es muss eben sein.

Es gibt Zeiten, in denen man mit niemandem reden will – vielleicht Zeiten, wenn man lange weg war und einfach ungestört mit seiner Frau essen gehen will. Manchmal gehe ich irgendwohin, um Zeit mit meinen Kindern zu verbringen – zum Beispiel, um mit meinem Sohn Bälle zu schlagen. Alle zwei Minuten kommt dann jemand vorbei und bittet um ein Autogramm oder erkundigt sich nach dem letzten Turnier, dem Ryder Cup oder sonst irgendetwas.

Leider scheint es für viele Leute selbstverständlich zu sein, mich zu unterbrechen, nur weil ich berühmt bin – das kann ziemlich frustrierend sein. Ich bin inzwischen daran gewöhnt, aber für meine Familie, die wenigstens für ein paar Stunden ein normales Familienleben führen möchte, ist es schwierig. Ich will anderen gegenüber nicht unhöflich sein, aber wenn ich Stefan versprochen habe, ihm eine Stunde lang beim Abschlagen zuzuschauen und seine Technik zu verbessern, dann will ich eben genau das tun – und nicht mit Fremden reden.

Vielleicht ist dieser Aspekt das Schwierigste – die Beanspruchung meiner Zeit durch Außenstehende. Wenn ich ohnehin schon zuhause so lange von der Familie weg bin, möchte ich ihnen möglichst viel Zeit widmen, wenn ich dann endlich zu Hause bin. Aber wenn wir etwas zusammen unternehmen, wird es uns manchmal unmöglich gemacht, einfach normal zu leben. Auch die Presse kann sehr aufdringlich werden. Mir ist klar, dass die Journalisten ihre Arbeit erledigen müssen, und ich versuche, ihnen entgegenzukommen; aber manchmal werde ich pausenlos um Interviews gebeten. Ich bin grundsätzlich gern dazu bereit, aber es nimmt einen großen Teil meiner Zeit in Anspruch.

Schaffe ich es, zwischen allen Anforderungen das richtige Gleichgewicht zu wahren, sind die Konsequenzen für mich, aber auch für meine Familie nur positiv. Die Tatsache, dass ich das richtige Gleichgewicht im Blick behalte, ist aus meiner Sicht einer der wichtigsten Gründe, weshalb ich auch nach meinem 40. Geburtstag noch auf diesem hohen Niveau Golf spielen kann.

Die richtige Balance zwischen Arbeit, Familie und Gott ist die Herausforderung, der ich mich stelle.

Umzug in die USA

Nachdem ich 1984 einige Turniere in den USA ziemlich erfolgreich absolviert hatte, war mir die Tourkarte für die USA im nächsten Jahr sicher. Damit taten sich neue Möglichkeiten auf, schließlich hatte ich bis zu diesem Zeitpunkt nur daran gedacht, auf der European Tour zu spielen.

In den folgenden Jahren pendelte ich zwischen den USA und Europa, spielte auf beiden Kontinenten ausreichend Turniere, um auf beiden Kontinenten die Tourkarte zu behalten. Damit änderten sich mit der Zeit meine Perspektiven, was das Spielen in Amerika anbelangt. Wir kauften ein Haus in Florida und gewöhnten uns an, den Sommer in Europa und den Winter in Amerika zu verbringen.

So machten wir es auch, als unsere Kinder geboren wurden. Wir trafen außerdem die Entscheidung, dass die Kinder in Amerika zur Schule gehen würden. Das ist nicht ganz so einfach, wie es klingt, denn es bedeutete, dass wir unsere Kinder komplett oder teilweise zu Hause unterrichten mussten.

Bei Jackie, unserer Ältesten, konnten wir einen Kompromiss schließen, sodass sie zwar die Schule besuchte, aber am Anfang und am Ende des Jahres von uns zu Hause unterrichtet wurde. Die Schule war zu dieser Regelung bereit, sodass wir sechs Monate in Europa und sechs Monate in den USA verbringen konnten. Das war großartig, weil wir ohnehin im Winter in Amerika sein wollten.

Die Familie reiste mit mir und benutzte das Hotel als Schule, während ich arbeitete. Es gab gelegentlich Spannungen und einige Probleme, aber im Allgemeinen funktionierte es. Auf jeden Fall war es besser, als häufig lange voneinander getrennt zu sein – es war wirklich das kleinere Übel.

Doch als Christina, unser drittes Kind, ins Schulalter kam, wurde es zu kompliziert, alle drei auf verschiedenen Stufen zugleich zu unterrichten. Außerdem hatte Jackie fast das Highschool-Alter erreicht, und da hielten wir die Zeit für gekommen, ihr ein ganz normales Schulleben zu ermöglichen. Es wäre nicht gut gewesen, sie am Anfang und am Ende des Jahres immer für zwei Monate aus der Schule zu ziehen.

Wir versuchten, zwei Dinge in Einklang zu bringen, eine nicht ganz einfache Aufgabe: Schließlich musste ich meiner Karriere in Europa, in den USA und gelegentlich in anderen Teilen der Erde nachgehen. Gleichzeitig wollte ich nie allzu lange von meiner Familie getrennt sein. Letztendlich fällten wir die Entscheidung, dass ich versuchen würde, so weit als möglich in den USA zu bleiben, solange Schule war, die Familie mich aber begleiten würde, wenn ich in Europa spielte und US-Schulferien waren. Bis dahin war die Reiserei allein meine Sache gewesen; ich flog für zwei oder drei Veranstaltungen nach Europa und kehrte dann für eine oder zwei Wochen zu meiner Familie zurück, bis ich wieder abreisen musste. Aber das war eigentlich nicht das, was ich wollte, weshalb mir die Entscheidung, beruflich in Amerika zu bleiben, nicht schwer fiel. Ich bin sicher, dass es für alle Beteiligten die richtige Entscheidung war, öfter in den USA zu spielen und mehr Zeit dort zu verbringen.

2001 beschloss ich, wieder voll auf die US-Tour zurückzukehren, was für mich in der Folge einen nicht ganz einfachen Turnierplan bedeutete. Ich bestreite jetzt gewöhnlich siebzehn Turniere in den USA und zwölf in Europa. Um meine Tourkarten zu behalten, muss ich fünfzehn Turniere in den USA und elf in Europa spielen. Etwas komplizierter wird die Sachlage noch dadurch, dass die Major-Turniere für beide Touren angerechnet werden. Hinzu kommen noch einige Turniere wie die Million Dollar Challenge in Sun City und andere Einladungsturniere, die für keine der beiden Touren angerechnet werden.

2001 verlegte ich meinen Wohnsitz offiziell in die Vereinigten

Staaten, was aus steuerlichen Gründen wichtig ist und sich darauf auswirkt, wie viele Tage ich in den USA bleiben kann. Aber der Hauptgrund lag, wie gesagt, in der Absicht, die schulische Situation unserer Kinder zu verbessern und mehr Zeit mit der Familie zu verbringen.

Das Golfspielen in den USA an sich gefällt mir aus mehreren Gründen. Alles in allem sind die Plätze besser, die Grüns schneller, die Preisgelder höher und die Konkurrenz stärker als in Europa. Jeden dieser Aspekte betrachte ich als Vorteil.

Nachdem ich so lange auf der European Tour gespielt habe, genieße ich es, in den USA an Orte und Plätze zu kommen, die ich noch nicht kenne. Auf der European Tour beschlich einen manchmal das Gefühl: immer dieselbe Stadt, derselbe Golfplatz, dasselbe Hotel.

Fairerweise möchte ich aber hinzufügen, dass heute in Europa viele neue Plätze designed werden, von denen einige »amerikanischer« sind als die traditionellen europäischen Golfplätze. Früher hatten wir meist keine Beregnungsanlage; heute gibt es sie überall. Rough in der direkten Grünumgebung wird immer üblicher, genau wie auf den Plätzen der US-Tour. Das wirkt sich auf das Chippen und auf das Pitchen aus. Die Situation in Europa hat sich also drastisch verändert.

Für einen Spieler ist der Unterschied zwischen der amerikanischen und der europäischen Tour in etwa vergleichbar mit dem Gegensatz zwischen einem Fünf- und einem Drei-Sterne-Hotel. In den USA bekommt man jede Woche einen Wagen gestellt. Ich fliege in die Stadt, in der das Turnier stattfindet, werde abgeholt und bekomme ein Auto, über das ich die ganze Woche verfügen kann. Das ist sehr angenehm. Die Tour stellt mir außerdem ein Telefon und einen Computer zur Verfügung.

Wichtiger sind die Unterschiede bei den Golfplätzen selbst. In den USA sind die Übungsanlagen im Vergleich zu Europa immer ausgezeichnet. Die Grüns sind schneller und besser. Einige Plätze in Europa haben ausgezeichnete Grüns, andere dagegen sind sehr mittelmäßig.

Die Umkleideräume sind viel großzügiger, man hat jede Woche seinen eigenen Schließschrank. Im Umkleidebereich wird etwas zu essen angeboten, während die Spieler bei vielen Turnieren in Europa in einem öffentlichen Restaurant essen müssen. Auf diese Weise kann man zwischendurch schnell eine Kleinigkeit essen und nach zehn Minuten wieder draußen sein, was bei einem europäischen Turnier nicht möglich wäre.

Der Unterschied ist ganz einfach, dass die Sponsoren und Turnierveranstalter in den USA alles tun, damit die Spieler sich wohl fühlen und wiederkommen. In Europa habe ich oft den Eindruck, dass die Turnierveranstalter sich mehr um die Sponsoren und ihre Gäste kümmern als um die Spieler.

Auch die finanzielle Seite ist in Amerika deutlich besser; das Preisgeld bei einem typischen Turnier ist doppelt so hoch wie in Europa. Zurzeit ist die US-Tour internationaler und es kommen die besten Spieler aus aller Welt, um gegeneinander anzutreten. Ich schätze die zusätzliche Konkurrenz und die Gelegenheit, Woche für Woche gegen die besten Golfer zu spielen.

In den USA hat man viel eher das Gefühl, an einem großen Ereignis teilzunehmen – selbst wenn es nur ein Routineturnier ist. In Europa findet man zwar einige großartige Turniere, aber auch andere, bei denen man nur mit sehr wenigen Zuschauern und spärlicher Fernsehübertragung spielt. Die Atmosphäre auf der US-Tour ist eben eine ganz andere.

Hinzu kommt, dass die USA in Sachen Golf der Mittelpunkt der Welt sind. Alles, was an neuem Equipment, neuen Schlägern, neuen Bällen auf den Markt gebracht wird, kommt aus den USA und erreicht Europa manchmal erst Monate später. Für den Profi-Golfer sind die USA damit eine gute Ausgangsbasis.

Was hält mich in Schwung?

Was ist meine größte Stärke als Golfer? Es ist schwierig, Abstand zu nehmen, sich selbst zu analysieren und zu bewerten, aber ich werde es versuchen. Wahrscheinlich ist meine größte Stärke, dass ich keine besondere Schwäche habe – obwohl natürlich mein gesamtes Spiel besser sein könnte. In Hochform schlage ich gerade vom Tee, bin gut mit den Eisen, komme gut aus dem Bunker und putte solide. Der Beste bin ich in keinem der einzelnen Segmente, aber dafür sind meine Leistungen insgesamt ziemlich gut. Letztendlich setzt sich meine Leistungsstärke aus vielerlei Faktoren zusammen: gute Technik, überzeugendes kurzes Spiel, mentale Stärke, ordentliche Vorbereitung, gutes Course Management, Fitness und eine Menge familiäre Unterstützung.

Mit zunehmendem Alter und mit der Weiterentwicklung des Spiels ist vielleicht meine Länge vom Tee eine Schwachstelle. Es gibt inzwischen eine ganze Reihe von Spielern, die den Ball gut vierzig Meter weiter schlagen als ich. Das setzt mich insofern unter Druck, als ich meine Annäherungsschläge dann mit weit größerer Präzision ausführen muss.

Beständigkeit ist sicherlich ebenfalls ein Schlüsselwort, wenn man über mein Spiel spricht. Immerhin habe ich zweimal in Europa Serien von vierundfünfzig bzw. achtunddreißig Turnieren hintereinander ohne verpassten Cut geschafft. Zu meinen Glanzzeiten konnte ich, wenn ich ein Turnier schon nicht gewann, in den meisten Wochen zumindest um einen der vorderen Plätze spielen.

Probleme mit der eigenen Motivation oder dem Setzen von Zielen habe ich nie gehabt. Grundsätzlich versuche ich zuerst, mich selbst zu schlagen, dann den Platz und zum Schluss die anderen Spieler. Wichtig war und ist mir das richtige Pensum – ich spiele nicht pausenlos Woche für Woche. Wenn ich einige Turniere in Folge gespielt habe, nehme ich mir eine Woche frei; so habe ich es seit Jahren gehalten.

Course Management und Platzstrategie sind immer eine Stärke meines Spiels gewesen. Damit meine ich die Art und Weise, wie ich an einen Golfplatz herangehe und das Loch in Angriff nehme. Den richtigen Schlag in der richtigen Situation zu spielen, ist entscheidend. Man kann sich eine Menge Schläge ersparen, wenn man weiß, wann man auf die Fahne spielt und wann man sicher spielen muss. Ich denke, dass ich mein eigenes Spiel gut einschätzen kann, und das ist eine echte Hilfe.

Man sagt mir nach, dass ich bei schlechtem Wetter besonders gut bin, obwohl ich nicht weiß, woran das liegen könnte. Vielleicht hat meine innere Einstellung etwas damit zu tun. Wenn ich spielen muss, ärgere ich mich nicht über das Wetter – wozu auch? Ich akzeptiere die Situation, wie sie nun einmal ist, ob starker Wind herrscht oder nicht. Positives Denken und die Konzentration auf das Wesentliche führen einfach zu einer insgesamt besseren Einstellung. Wer murrt, stöhnt und sich ärgert, spielt in der Regel auch schlechter.

Mental bin ich sehr stark; die meisten meiner Probleme sind also eher technischer Art. Zum Beispiel, dass mein Schwung nicht mehr funktioniert und ich den Fehler nicht sofort wieder in den Griff bekomme. Spieler mit perfektem Schwung gibt es ohnehin kaum, Kompensation gehört also zum Alltag. Hat sich irgendwo ein Fehler eingeschlichen, ist meist der ganze Schwung im Argen. Ich hatte fast meine ganze Karriere hindurch denselben Coach und wir arbeiten heute immer noch genauso hart daran, mein Spiel zu verbessern, wie vor fünfzehn Jahren.

Alles in allem bin ich ein Mensch mit positiver Grundeinstellung. Wir alle neigen dazu, eher die schlechten Seiten zu sehen. Deshalb versuche ich bewusst, mich mehr auf das Positive zu konzentrieren. Meiner Meinung nach können wir uns selbst und unser Leben nur dann verbessern, wenn wir auf die positiven Dinge schauen und uns nicht ständig mit der Vergangenheit beschäftigen. In dieser Hinsicht sagt die Bibel: »Was wahr ist, was ehrbar ist, was gerecht ist, was rein ist, was liebenswert ist, was Bewunderung verdient, darüber denkt nach.«

Oft sorgen wir uns um alles Mögliche; es gibt zu viele Ängste und Befürchtungen in unserem Leben, die uns blockieren. Ich jedenfalls habe mit der Zeit festgestellt, dass es oft keinen Sinn macht, alles selbst in die Hand nehmen zu wollen, weil es einfach zu viele Dinge gibt, auf die ich gar keinen Einfluss habe. Schon deshalb macht es wenig Sinn, sich über alles mögliche Sorgen zu machen. Es ist besser, wenn ich das alles Gott überlasse und meine Energie auf diejenigen Dinge konzentriere, die ich selbst in der Hand habe.

Eine weitere Herausforderung besteht für mich darin, keine Schläge auf dem Platz zu verschenken. Daran habe ich im Laufe der Jahre immer wieder gearbeitet. Peter Kostis, der Golfcoach, sagt, dass man an jedem beliebigen Tag eine bestimmte Bandbreite möglicher Scores hat, zum Beispiel 67 bis 71. Bei richtiger Auswertung aller Chancen sollte ich also eine 67 spielen, mache ich aber Fehler und verschenke Schläge, dann wird es am Ende eine 71.

Es war immer eine meiner größten Stärken, dass ich keine Schläge auf dem Platz verloren haben – in einer Periode ohne Siege wie in den Jahren 1998 bis 2000 machte genau dies den Unterschied, ich verschenkte zu viele Schläge. Im Jahr 2001 – zumindest hatte ich diesen Eindruck – gelang es mir wieder, alle möglichen Chancen optimal zu nützen und keine Schläge sinnlos zu vergeuden.

Jeder macht gelegentlich schlechte Schläge. Die entscheidende Frage bleibt, ob man dann trotzdem noch aufs Grün kommt und das Par retten kann oder ob man einen weiteren schlechten Schlag macht und mit einem Doppel- oder Triple-Bogey endet.

Manchmal ärgere ich mich auf dem Golfplatz, auch ich bin ja kein Heiliger. Das scheint ohnehin ein weit verbreitetes Missverständnis zu sein: Die Leute meinen, ein Christ müsse durch und durch heilig sein. Ich sündige immer noch, wie andere Menschen auch; ich bin nicht wie Gott. Ich versuche zwar, besser zu werden, werde die Perfektion aber nie erreichen.

Allerdings würde ich nie über einen anderen Spieler oder einen Außenstehenden schimpfen, weil das Problem zweifellos bei mir liegt. Kann man den Golfplatz schlagen und sich selbst, dann hat man eine gute Chance zu gewinnen.

Generell macht es am meisten Sinn, Fehler möglichst schnell zu akzeptieren und wegzustecken. Der Fehler ist Geschichte, lässt sich nicht mehr ändern. Schließlich habe ich ihn nicht absichtlich begangen, um mir zu schaden, sondern mich vielmehr bemüht, ohne mein Ziel zu erreichen. Man muss lernen, sich selbst zu vergeben, und zwar ziemlich bald.

Ich hatte durchaus auch eine Phase, in der ich auf mich selbst wütend wurde, wenn ich Fehler machte, und mich dann eine Stunde lang selbst beschimpfte. Die Folge waren noch mehr Bogeys, eine ziemlich unnütze Sache also. Heute versuche ich, mich nur ein oder zwei Minuten über mich selbst zu ärgern und das Ganze dann hinter mir zu lassen. Bis zum nächsten Schlag muss ich den Fehler akzeptiert haben, damit ich mich auf den nächsten Schlag konzentrieren kann – aber das funktioniert leider nicht immer.

Vielleicht mache ich mir nicht ganz so viele Sorgen wie manch andere Leute, weil mir bewusst ist, dass es oft um Dinge geht, die ich ohnehin nicht in der Hand habe. Ich versuche einfach, viele Dinge an Gott abzugeben. Alles, was ich tun kann, ist, mein Bestes zu geben; aber das Endergebnis liegt in seiner Hand. Auf dieser Basis wird es leichter, mir selbst zu vergeben: Mehr als mein Bestes zu geben, kann ich schlichtweg nicht tun.

Es ist eine interessante Tatsache, dass ich dreimal in der Woche nach dem Ryder Cup gewonnen habe – einschließlich jener Woche nach dem berüchtigten Putt auf Kiawah Island. Dafür gibt es keine Erklärung, aber vielleicht gelingt es mir besser als anderen Spielern, die Vergangenheit einfach abzuhaken. Ich kenne diverse Kollegen, die sich an jede Einzelheit ihrer Karriere erinnern können. Das ist bei mir anders – ich sage oft, dass ich in der Zukunft lebe, nicht in der Vergangenheit.

Wer vielfältige Interessen hat, sich nicht ständig nur mit Golf, Golf und nochmals Golf beschäftigt, tut sich da leichter. Jeder Mensch sollte irgendeinen verrückten Traum haben. Ich zum Beispiel träume immer vom einem Sieg bei einem Abfahrtslauf im Skifahren! Dieses Hobby habe ich immer genossen, ich gehe jedes Jahr Ski laufen. Als Skifahrer habe ich vermutlich Handicap 2 oder 3. Ehrlich gesagt würde ich ganz gerne noch öfter Skifahren, aber es besteht immer die Gefahr, sich den einen oder anderen Knochen zu brechen; deshalb mache ich es nur um die Weihnachtszeit, damit ich bis zum ersten Major einige Monate Zeit habe zu genesen, falls etwas passiert. Ich genieße die Schönheit der Berge und Bäume, die Eiszapfen und einfach die andere Umgebung. Ich liebe die Natur.

Wird man zum Sportler geboren oder gemacht? Etwas von beidem, würde ich sagen. Offenbar wurde ich mit einer ordentlichen Portion Naturtalent gesegnet und habe hart daran gearbeitet, dieses Talent voll zu entfalten und zu nutzen. Außerdem hatte ich genug Charakter, um harte Zeiten durchzustehen. Ich habe verzweifelt zusehen müssen, wie mein Putten vor meinen Augen auseinander fiel, um dann die befriedigende Erfahrung zu machen, dass ich diese Krise überwand – und das nicht einmal, sondern dreimal!

Es war ein glücklicher Umstand, dass mir das Üben immer Spaß gemacht hat. Wenn ich zu Hause bin, gehe ich fast jeden Tag hinaus und schlage Bälle – was viele meiner Kollegen nicht mehr tun. Manche Leute finden es langweilig und wollen immer nur spielen, aber mir macht das Üben nichts aus. Es macht mir Spaß, etwas Neues auszuprobieren und zu versuchen, mich dadurch zu verbessern. Oft arbeite ich an einem bestimmten Aspekt meines Schwungs, einfach um ein besserer Spieler zu werden.

Auch wenn ich an den meisten Tagen Bälle schlage, ist meine Übungsroutine jeden Tag anders, je nachdem, was ich erreichen möchte und wieviel Zeit mir zur Verfügung steht. Zum Beispiel kann es sein, dass ich eine halbe Stunde lang Bälle schlage, dann eine weitere halbe Stunde am kurzen Spiel arbeite und zum Schluss ein paar Löcher spiele.

Wenn ich Bälle schlage, beginne ich gewöhnlich mit dem Sand Wedge und arbeite mich von da aus vor. Ich übe nicht mit jedem Schläger – vielleicht nur mit dem Sand Wedge, den Eisen 8, 5 und 3 und dann den Hölzern. Ich spiele nie sämtliche Schläger in der Golftasche durch.

Bei der Vorbereitung auf ein Major spiele ich manchmal in der Woche davor ein Turnier, manchmal nehme ich mir auch einfach noch eine Woche mehr zum Training zu Hause. Was besser ist, kann ich nicht sagen. Im Februar und März 2002 spielte ich zum Beispiel sieben Wochen hintereinander und nahm mir dann zwei Wochen vor dem US Masters frei. Ich hatte das Gefühl, dass ich eine Pause brauchte. In anderen Situationen hat man nach einer Spielpause eher den Eindruck, dass man spielen muss, um wieder in den richtigen Fluss zu kommen. Bei mir hängt es einfach davon ab, was ich im vorherigen Monat gemacht habe und wie ich mich gerade fühle.

Meine Übungszeiten nutze ich auch, um neue Schläger oder Bälle zu testen, eine ziemlich zeitraubende Angelegenheit. Zum Teil kommt das dem Ausrüstungshersteller entgegen, natürlich profitiere ich aber auch selbst, wenn ich einen Schläger finde, der besser funktioniert als der alte. Ähnlich ist es bei den Bällen; Strata zum Beispiel schickt drei neue Ballmodelle zum Test. Wenn einer davon besser funktioniert als der, den ich gerade benutze, kommt mir das natürlich entgegen.

Dann habe auch ich Tage, an denen ich eigentlich lieber nicht aufstehen würde, wenn es in Strömen regnet, eisige Kälte oder stürmischer Wind herrscht. Glücklicherweise gibt es nicht allzu viele Tage von dieser Sorte – besonders, wenn man in Florida überwintert. Meistens bin ich mit meinem Beruf sehr zufrieden und bin gern draußen in der Natur; es macht mir Spaß – auch wenn es manchmal nicht danach aussieht. Eigentlich gibt es kaum Menschen, mit denen ich gern tauschen würde. Auf dem Golfplatz bin ich auf jeden Fall lieber, als acht Stunden in einem Büro zu sitzen.

Wie jeder Mensch habe ich Tage, an denen ich alles schrecklich finde und mir nicht vorstellen kann, wie es je wieder anders werden soll. Manchmal gibt es nicht nur Tage, sondern ganze Wochen, in denen ich niedergeschlagen bin und kein Licht am Horizont mehr sehe.

In solchen Zeiten hat mein Glaube an Gott mir sehr geholfen. Golf ist einfach nicht mehr alles für mich, weil es in meinem Leben jetzt andere Prioritäten gibt. Leider gilt das für viele Menschen nicht; ich wünschte, es ginge ihnen wie mir, weil ich sehen kann, wie sehr sie in ihrem bestehenden Zustand leiden.

Gebet ist ein wesentlicher Teil meines Lebens. Beten heißt mit Gott reden, und das ist etwas, das ich jeden Tag tue. Manche Leute meinen, dass man zum Beten in eine Kirche gehen müsse, aber man kann überall beten. Ich bete auf dem Golfplatz und ich bete über alles und jeden; es muss nicht unbedingt um Golf gehen. Ich bete um weit entfernt liegende Dinge oder um den gegenwärtigen Augenblick. Wenn ich morgens aufstehe, nutze ich die ersten Minuten meist, um meinen ganzen Tag Gott anzudienen. Ich konzentriere mich auf Gott und denke über ihn nach, über das, was ich nach seinem Willen tun soll, und über das, was ich nach seinem Willen lassen soll; und genauso beende ich meinen Tag auch. Auch tagsüber nutze ich immer wieder einige Augenblicke, um zu beten und mich einfach auf Gott auszurichten.

Manchmal bete ich auch zwischen Schlägen. Zum Beispiel, wenn ich nach einem Schlag an die fünf Minuten Zeit bis zum nächsten habe; in dieser Zeit kann ich beten oder Gott für den vielfältigen Segen danken, den er mir geschenkt hat, oder für die Menschen, die er in mein Leben gebracht hat. Es gibt viele Dinge, für die ich ihm danken kann, und dazu nutze ich diese Momente.

Heute bin ich viel dankbarer als früher. Früher dachte ich immer: »Ich habe die Verantwortung. Ich bin der Boss. Ich schaffe alles allein.« Je älter ich werde, desto mehr erkenne ich, dass es nicht so ist. Alles, was ich habe, kann mir innerhalb weniger Sekunden oder Tage genommen werden; es kann Ereignisse geben, bei denen man alles verliert, alles, was man hat, und mehr. Deshalb verlasse ich mich viel mehr auf Gott und vertraue darauf, dass er für mich sorgen wird.

Bevor ich Christ wurde, betete ich in der Kirche, vielleicht vor den Mahlzeiten oder vor dem Schlafengehen. Inzwischen kann ich überall und jederzeit beten, ob zwischen Golfschlägen, beim Autofahren oder sonst irgendwo. Meine Auffassung vom Gebet ist eine völlig andere. Ich habe gelernt, jeden Morgen meinen ganzen Tag dem Herrn anzuvertrauen. Ich bitte ihn, mich zu führen und mir dabei zu helfen, anderen Menschen mit Liebe und Achtung zu begegnen – und mit den täglichen Enttäuschungen des Lebens fertig zu werden.

Obwohl ich als Kind Ministrant in der Kirche war, hatte ich nie eine eigene Bibel, bis ich die Bibelgruppe während der Tour 1985 besuchte. Heute ist das Lesen in der Bibel für mich ein wichtiger Teil meines Lebens. Die Bibel ist ein einzigartiges Buch; sie ist voller Weisheit und Wahrheit. Sie ist Gottes Wort und ich lese sie, um mehr über ihn zu lernen und das zu werden, was ich nach seinem Willen sein soll.

Wann immer man sich in die Bibel vertieft, lernt man etwas

dazu. Es steckt so viel in diesem Handbuch des Lebens. Wer sich ein Auto oder auch nur einen Kühlschrank kauft, bekommt eine Gebrauchsanweisung. Die Bibel ist das Handbuch unseres Lebens.

In der Bibel steht: »Denke Tag und Nacht über mein Wort nach.« Das bedeutet ständig – oder so oft man nur kann. Manchmal schreibe ich einige Verse ab und trage sie bei mir. Wenn ich beim Golf erst spät abschlage, habe ich morgens meist Zeit, um in der Bibel zu lesen und mir ein paar Notizen zu machen.

Ich lebe mein Leben ohne Angst, fürchte mich nicht vor dem Tod. Ich glaube an den Tod und die Auferstehung Jesu und an mein ewiges Leben. Jeder von uns wird irgendwann sterben. Aus meiner Sicht leben wir in der Welt der Sterbenden und gehen der Welt der Lebenden entgegen – nicht umgekehrt. Wenn ich sterbe, dann weiß ich, dass ich in den Himmel komme und ewig bei Gott sein werde. Das Unwissen über die Geschehnisse nach dem Tod stelle ich mir beängstigend und belastend vor.

Natürlich gibt es Dinge, die ich nicht verstehe. Da ist zum Beispiel die Frage: Warum gibt es so viel Leid in der Welt? Warum scheinen böse Menschen manchmal ein besseres Leben zu haben als gute Menschen? Aber wenn man solche Fragen aus dem Blickwinkel der Ewigkeit betrachtet – und Gott ist ewig –, dann sieht die Sache ganz anders aus. Unser jetziges Leben hat nicht mehr dieselbe Bedeutung, wenn man es vom Standpunkt der Ewigkeit betrachtet. Was sind diese siebzig oder achtzig Jahre, die wir hier verbringen, im Vergleich zu den Millionen und Milliarden Jahren der Ewigkeit? Ich glaube, wenn wir uns selbst zu stark in den Mittelpunkt stellen, sind wir zu selbstsüchtig. Das gilt auch für jemanden, der bei einem Dreiputt ausrastet. Es gibt einfach wesentlich wichtigere Dinge auf dieser Welt als einen

Dreiputt. Dieses Bewusstsein hilft mir, die richtige Perspektive zu behalten.

Man sagt mir nach, dass ich auf dem Golfkurs nicht viel lächle. Das ist mir eigentlich gar nicht bewusst. Mein ernster Gesichtsausdruck wird damit begründet, dass ich mich angeblich ständig konzentriere, was einfach nicht stimmt. Niemand kann sich viereinhalb Stunden lang ununterbrochen konzentrieren – das ist einfach unmöglich. Ich wünschte, ich könnte mehr lächeln, etwas fröhlicher und geselliger sein, aber dann würde ich wahrscheinlich etwas vorgeben, was ich gar nicht bin – und schließlich sollte man sich selbst treu bleiben.

Manchmal bin ich über die Art und Weise erstaunt, wie meine Kollegen Übungsrunden absolvieren, weil sie scheinbar nur herumlaufen, miteinander plaudern und sich den Platz kaum ansehen. Meine Proberunden absolviere ich, um mir Dinge einzuprägen und mir Notizen zu machen, um ein inneres Bild davon zu bekommen, wie der Platz wirklich ist. Das ist meiner Meinung nach ein sehr wichtiger Teil meiner Turnierwoche.

Aus all diesen Eindrücken entwickle ich meine Spielstrategie, plane, wie ich an ein bestimmtes Loch herangehen werde. Das kann eine entscheidende Rolle spielen. Spielt man jedes Jahr wieder ein- und denselben Platz, muss man bei der Vorbereitung natürlich weniger ins Detail gehen; es bleibt für mich aber unfassbar, dass manche Spieler sich überhaupt nicht die Zeit nehmen, sich mit den Einzelheiten vertraut zu machen.

Peter und ich gehen zum Beispiel manchmal mit drei oder vier verschiedenen Drivern über den Platz, um den besten fürs Turnier herauszufiltern. Der Caddie Dave Musgrove soll behauptet haben, wenn ich eine Übungsrunde spiele, könnte ich mit jedem einzelnen Schlag allein einen Vierball bestreiten. Das ist übertrieben, aber ich lege tatsächlich Wert auf eine minutiöse Vorbereitung. Selbstvertrauen ist für einen Profisportler ganz entscheidend. Und bei mir beginnt das Selbstvertrauen mit guter Vorbereitung und viel Übung.

Über mich wird immer wieder die Anekdote erzählt, Peter habe mir bei einem Turnier gesagt, es seien 135 Meter von einem Sprinkler bis zur Flagge, worauf ich angeblich nachgefragt habe: »Vorderkante oder Hinterkante des Sprinklers?« Eine nette Geschichte, aber sie ist nicht wahr – soweit ich weiß, hat Colin Montgomerie sie erfunden. Er ist darauf gekommen, als wir einmal im Ryder Cup zusammen spielten und er zuhörte, was ich mit Peter besprach. Ich nehme es mit meinen Entfernungen zwar sehr genau, aber so genau nun auch wieder nicht!

Für mich ist gute Vorbereitung wichtig. Kommt es während des Turniers zu einer unerwarteten Situation, so ist der Druck groß und man hat nur begrenzte Zeit für die Entscheidung. Deshalb möchte ich möglichst viele Informationen über die Entfernung und über die Lage des Lochs haben und nehme mir bei den Übungsrunden viel Zeit, um präzise Meterangaben und Entfernungen zu sammeln. Während des Turniers möchte ich nicht raten oder nachrechnen müssen.

Angesichts der Tatsache, dass ich inzwischen Mitte vierzig bin, trotzdem aber immer noch auf hohem Niveau mitspielen kann, werde ich oft gefragt, was mich in Schwung hält. Eine gute Frage. Selbst wenn ich sofort aus dem Profigolf aussteigen würde, müsste ich aus finanziellen Gründen wahrscheinlich nie mehr arbeiten. Ich habe aber einfach Freude am Wettkampf, Freude am Golfspiel und gewinne ganz gerne. Das sind die drei Faktoren, die mich in Schwung halten.

Es ist immer aufregend, in Führung zu sein oder dicht zur Führung aufzuschließen und eine Chance auf den Sieg am Sonntag zu haben. Das lässt den Adrenalinspiegel steigen. Vielleicht war es beim allerersten Mal noch aufregender, einfach, weil mir das Gefühl bis dahin unbekannt war, aber ich weiß, dass ich genauso aufgeregt sein werde wie eh und je, wenn ich morgen bei einem Turnier in Führung gehe.

Die gleich bleibende Freude am Wettkampf ist es auch, die mich motiviert, hart zu trainieren, mich fit zu halten und zu üben. In einer Wettkampfsituation Golf zu spielen ist etwas, das in meinem Leben großen Raum eingenommen hat – würde ich jetzt mit dem Turniergolf aufhören, würde ich diesen Part sehr vermissen.

Die hohe Motivation, den Cut zu schaffen, hängt auch damit zusammen, dass ich bei einem frühen Ausscheiden ansonsten das ganze Wochenende damit verbringen würde, zu üben und herauszufinden, was falsch gelaufen ist, um es beim nächsten Mal besser zu machen. Da macht es einfach mehr Spaß, im Turnier zu spielen.

Die Welt des Profigolfs bedeutet ein sehr ichbezogenes Leben, das vom Wettkampf geprägt ist. Als Einzelsport ist Golf vermutlich noch ichbezogener als ein professioneller Mannschaftssport, und das, obwohl wir auf der Tour gut miteinander auskommen und viele Golfer gute Freunde von mir sind. Ich gehe auf den Platz, um zu siegen und besser zu sein als alle anderen – und das Tag für Tag. Manchmal freut man sich, wenn Freunde gewinnen, was nichts daran ändert, dass man trotzdem alles daran setzt, sie zu schlagen.

Aus meinem Glauben an Gott schöpfe ich enorme geistige Stärke. Für einen Nicht-Gläubigen ist diese Aussage vielleicht schwer zu verstehen und einzuordnen; mir ist auch bewusst, dass viele Leser das alles für blanken Unsinn halten werden. Aber wenn Sie wissen wollen, worin das Geheimnis liegt, warum ich in einer langen Karriere im Golfsport so viel erreicht habe und noch mit Mitte vierzig konkurrieren kann, dann ist der Grund vor allem darin zu suchen.

Damit will ich nicht behaupten, dass ich gewinne, weil ich Christ bin. Ich wurde 1985 Christ, als ich schon erfolgreich war und einen Majortitel hatte. Seither aber habe ich siebzehn gute Jahre erlebt, aus meiner Überzeugung auch deshalb, weil mein Glaube mir geholfen hat, weiter zu machen und mich so lange im Golfsport zu behaupten.

Auch wenn die Dinge schlecht laufen, erinnert mich mein Glaube daran, dass ich in Gottes Augen wichtig bin. Das gibt mir Zuversicht. Es verhindert, dass mein Selbstwertgefühl versagt, wenn ich mal einen schlechten Schlag mache oder einen Putt verfehle. Als 1991 beim Ryder Cup auf Kiawah Island mein Putt missglückte und ich monatelang mit den Yips zu kämpfen hatte, half mir mein Glaube, die Dinge nüchtern zu betrachten. Vor 1985 war Golf alles für mich. Heute ist Golf nur ein Teil meines Lebens und ich weiß, dass ich auch dann glücklich sein könnte, wenn mir Golf genommen würde.

Manche Menschen nehmen Golf zu wichtig. Einige meiner Kollegen sind völlig vereinnahmt davon. Wenn sie nicht auf dem Niveau spielen können, das sie anstreben – und kein Mensch kann ständig Höchstleistungen bringen –, sind sie deprimiert und ihr ganzes Leben droht aus dem Ruder zu laufen. So wäre es vielleicht auch mir ergangen, wenn ich keine Beziehung zu Gott gehabt hätte. Ich möchte immer noch gern siegen und es ist mir nach wie vor wichtig, meine Sache gut zu machen, aber es vereinnahmt nicht mehr mein ganzes Leben, so wie früher.

Ich weiß, dass Gott mich liebt, ob ich nun 80 oder 60 Schläge mache. Er wird mich immer lieben und er wird mir meine Fehler vergeben, solange ich sie bereue. Das ist ein gewaltiges Plus für mein Leben. Jeder trägt ein gewisses Maß an Schuld mit sich herum und wir wissen, dass wir Dinge getan haben, die wir nicht hätten tun dürfen. Wenn man Gottes Vergebung nicht hat, muss das eine enorme Last sein.

Einer der Leitsätze meines Lebens besteht darin, andere so zu behandeln, wie ich von ihnen behandelt werden will. Zu Beginn meiner Karriere fiel es mir schwer, mit den Medien umzugehen. Präsenz in den Zeitungen war ich nicht gewöhnt. Einmal erlaubte ich einem Journalisten, mich als Caddie zu begleiten. Mir war bewusst, dass er im Anschluss einen Artikel darüber schreiben würde, über das Ergebnis war ich trotzdem entsetzt. Zu lesen war unter anderem, ich würde Schläger hinwerfen und ähnliche Dinge tun. Ich fragte mich einfach: »Wo nimmt er das bloß her? Er war fünf Tage lange bei mir und hat mich ständig beobachtet. Warum hat er das alles erfunden?«

Oder ich nehme mir einige Stunden Zeit für ein persönliches Interview, das ich dann zwei Tage später in der Zeitung lese. Ich weiß, dass ich etwas ganz anderes gesagt habe, als ich es nun abgedruckt wiederfinde. Der Journalist hat mir Worte in den Mund gelegt, die ich nie verwendet habe. Manchmal frage ich mich, warum ich überhaupt meine Zeit mit ihm verschwendet habe, statt etwas Besseres damit anzufangen. Ich hätte ihn doch gleich Geschichten über mich erfinden lassen können, ohne ihm meine Zeit zu opfern – denn genau das hat er gemacht.

Eine Lösung wäre aber auch das nicht. Nachdem man Journalisten nicht einfach ignorieren kann, muss man wohl Wege finden, mit ihnen zurechtzukommen. Insgesamt ist es mir meiner Meinung nach gelungen, zu den meisten Golfjournalisten gute Beziehungen zu unterhalten. Hinzu kommt, dass manche Leute für Zeitungen arbeiten, die nur auf negative Berichte und Sensationsgeschichten aus sind; also schreiben sie solche Sachen, um ihre Arbeit nicht zu verlieren.

Es gab Fälle, bei denen ich der Meinung war, dass Aussagen in der Presse über mich ungerecht und unzutreffend waren. Wenn die Presse über eine bestimmte Person schreiben will, lässt sich die Wahrheit manchmal nicht verkaufen; also erfinden sie irgendetwas, ohne dass ich dagegen ausreichend Handhabe hätte. Ich versuche einfach, diese Leute zu meiden. Und seit ich

Christ geworden bin, versuche ich, ihnen zu vergeben. Das fällt nicht immer leicht, aber es ist mir immer wieder gelungen.

Es ist meine Beziehung zu Gott, die mir hilft, die richtige Perspektive zu behalten und die richtigen Prioritäten zu setzen. Ich weiß wirklich nicht, wie Menschen ihr Leben ohne Gott bewältigen.

Ich habe Ihnen von den Höhen und Tiefen meiner Golfkarriere erzählt. Und ich habe Ihnen auch von meinem Glauben an Gott erzählt und von dem Unterschied gegenüber meinem früheren Leben. Ich werde Sie nicht auffordern, meine Worte einfach für wahr zu halten. Besorgen Sie sich selbst eine Bibel und schauen Sie hinein, um herauszufinden, ob Jesus Christus wirklich gelebt hat, ob es einen Gott gibt oder ob es irgendeine Alternative gibt. Ich bin überzeugt, dass das Christentum wahr ist und dass unsere ganze Welt ein friedlicherer und liebevollerer Ort wäre, wenn wir anfangen würden, einander zu achten und zu lieben, wie Jesus es uns gesagt hat.

Große Golfspieler

Im Lauf meiner Karriere hatte ich das Vorrecht, mit und gegen alle großen Golfspieler unserer Zeit zu spielen. In diesem Kapitel möchte ich über einige Spieler sprechen, die ich bewundere. Da kann man kaum anders, als mit Tiger Woods zu beginnen.

Seit Tiger Golfprofi wurde, hat er die Welt des Golfs im Sturm erobert. Dazu gehört die Etablierung als Nummer 1 der Weltrangliste, der Sieg bei fast 40 internationalen Turnieren, darunter acht Majors.

Es ist erstaunlich, wie sehr Tiger Woods das Golfspiel geprägt hat, aus meiner Sicht auf sehr positive Art. Der ganze Trubel, der um ihn herum veranstaltet wird, hat dem Golfsport einen Auftrieb in die richtige Richtung gegeben. Es hat bei Menschen Interesse am Golf geweckt, die früher nichts dafür übrig hatten, und viele kommen einfach zu Turnieren, um ihm zuzusehen, was für den Golfsport eine gute Sache ist.

Hinzu kommt, dass er mich mit so mancher Aussage beeindruckt hat. Obwohl er noch relativ jung ist, hat er große Reife bewiesen. Ich kann mich an viele andere junge Golfer erinnern, die einige sehr ungeschickte Bemerkungen gemacht haben, aber Tiger hat solche Fehler vermieden, ein Grund mehr, ihn für ein großes Vorbild zu halten.

Dass er sehr gut verdient, ist mir bewusst. Aus meiner Sicht nützt das uns allen, da ja jeder andere auch eine Siegeschance hat. So manche Erhöhung bei den Preisgeldern ist vor allem ihm zuzuschreiben. Durch ihn hat Golf eine Popularität erreicht wie nie zuvor in der Golfgeschichte – und das nicht nur in den USA, sondern in der ganzen Welt. Wo immer er auf der Bildfläche erscheint, gibt es mehr Zuschauer, mehr Interesse, mehr Fernsehzuschauer und mehr Spieler auf dem Platz – einfach mehr von allem.

Manchmal fragen die Leute, ob ich gern mit Tiger spiele oder ob es seinetwegen zu viel Ablenkung gibt. Die vielleicht zehn Runden, die ich mit ihm gespielt habe, habe ich immer genossen, weil man gut mit ihm spielen kann. Er ist sehr in seine eigene Runde vertieft, dabei aber immer ein echter Gentleman. Natürlich gibt es viel Rummel und Geschrei, aber mir macht die zusätzliche Aufregung und gespannte Atmosphäre Spaß. Das einzige Problem ist, dass die Zuschauer sofort zum nächsten Abschlag laufen, wenn er eingelocht hat, während man selbst noch aus einem Meter putten muss. In solchen Situationen kann es schwierig sein, sich nicht ablenken zu lassen. Aber das ist auch bei Seve und Arnold passiert.

Tiger ist ein außergewöhnlicher Golfer. In seiner kurzen Karriere hat er schon viele Rekorde gebrochen. Er hat die Messlatte gelegt und nun liegt es an uns, ihn einzuholen und vom Podest zu verdrängen; dann verdienen auch wir die Aufmerksamkeit. Als Spieler hege ich nicht die geringste Ablehnung gegen Tiger. Meiner Meinung nach war das, was er vollbracht hat, sehr positiv.

Tiger hat eigentlich gar keine Schwäche, angefangen von seiner Statur. Sein Körper ist kräftig und geschmeidig zugleich. Das ist eine großartige Kombination, die nicht viele Menschen besitzen. Er hat offensichtlich selbst einiges dafür getan, wurde aber auch mit guten Genen gesegnet.

Hinzu kommt eine sehr gute Technik. Jeder weiß, dass er den Ball extrem weit schlagen kann, vor allem aber kann er den Ball auch mit einer Menge Spin spielen. Außerdem hat er ein enormes Ballgefühl rund um die Grüns. Wenn man neben seiner Fähigkeit, enorme Weiten zu erreichen, noch sein Können beim Chippen und Pitchen berücksichtigt, wo er zweifellos einer der Besten ist, kann man seine guten Scores verstehen. Er kann auch ein grandioser Putter sein. Hat er in einem Jahr nicht auch die Statistik beim Putten angeführt? Wenn man hervorragende Drives mit einem ausgezeichneten kurzen Spiel und brillanten Putts kombiniert, hat man den Turniersieg fast in der Tasche.

Zu diesen Fähigkeiten kommt noch seine Entschlossenheit hinzu und die Tatsache, dass kaum einer so hart arbeitet wie er. Er möchte einfach der Beste sein und bricht sämtliche Rekorde.

In Europa war Seve Ballesteros der Golfer mit Charisma, der – unter anderem mit drei Siegen bei der British Open sowie zwei Siegen beim US Masters – dazu beitrug, das Golfspiel auf dem Kontinent aufzuwerten. Im Lauf der Jahre haben Seve und ich hart miteinander konkurriert, jeder mit dem Versuch, sich als Europas Nummer 1 zu etablieren. Immer wieder lagen wir Kopf an Kopf. Das Stechen bei der Lancôme Trophy 1986 ist ein treffendes Beispiel für diese Konkurrenz. Nach vier Löchern stand es immer noch unentschieden und da es dunkel wurde, gaben wir auf, teilten das Match und den Preis.

Seve und ich sind in etwa gleichaltrig, aber er war bereits ein etablierter Spieler und Majorsieger, als ich mein erstes Turnier gewann. Es gab eine Zeit von 1981 bis Anfang 1990, in der wir ständig wetteiferten. Viele Turniere wurden zwischen uns beiden entschieden.

Seve war gut beim Drive und großartig im kurzen Spiel. Er beherrschte sämtliche Schläge und war ein ausgezeichneter Putter. Aber seine größte Stärke war sein Ideenreichtum bei den Schlägen, die er austüftelte. Es war unglaublich, wie er schlechte Schläge wieder ausgleichen konnte. Gerade, wenn man dachte, man hätte ihn, legte er einen unglaublichen Schlag hin und rettete sich das Par. Bei Seve war das Spiel nie aus, solange nicht wirklich der letzte Schlag erledigt war.

Er ist sehr ehrgeizig und einer der besten Matchplayspieler, die es je gab. Für mich ist es nicht überraschend, dass er das

World Matchplay in Wentworth fünfmal gewonnen hat. Mich jedenfalls hat er mehr als einmal geschlagen.

Nick Faldo bewundere ich sehr. Einmal hatte er, so weit ich mich erinnere, zwar drei Turniere in einem Jahr gewonnen, konnte aber bei keinem der Major sein Ziel erreichen und beschloss daher, seinen gesamten Schwungablauf zu überarbeiten. Im Grunde gab er fast zwei Jahre seiner Karriere auf, um alles neu aufzubauen – und das natürlich ohne Garantie, dass es funktionieren würde. Nicht dass er vorher schlecht gespielt hätte, aber er wollte einfach eine Stufe weiter kommen und war bereit, alles aufs Spiel zu setzen, um dieses Ziel zu erreichen.

Als Nick mit der Umstellung fertig war, fing er an, Majorturniere zu gewinnen, siegte schließlich dreimal bei der British Open sowie dreimal bei der US Masters; mehrere Jahre lang gehörte er zur Weltspitze im Golf. Er hat eine Menge Mut bewiesen, ich jedenfalls würde wohl kaum zwei oder drei Jahre opfern – nur in der Hoffnung, ein Ziel zu erreichen, für das es keine Erfolgsgarantie gibt.

Sandy Lyle gewann dreimal die europäische Geldrangliste und siegte auch bei der British Open und der US Masters. Er konnte den Ball wirklich enorm weit schlagen. Was die reine Distanz anbelangt, war er John Daly und sogar Tiger Woods ebenbürtig. Ich habe nie jemanden gesehen, der mit einem Eisen 1 oder 2 so weit oder so hoch schlagen konnte wie Sandy.

Ian Woosnam ist einfach ein sehr natürlicher Spieler, explosiv und außerordentlich stark. Sein Schwung war natürlich, er konnte wunderbare Golfschläge machen und holte sich zahlreiche Titel. Ich glaube, bei ihm kommt es auf die Putts an. Läuft der Putter, gewinnt er. Wenn er mit dem Putter zu kämpfen hatte, reichte es zwar nicht zum Sieg, die Qualität seiner anderen Schläge aber war so hoch, dass es trotzdem ein gutes Ergebnis wurde.

Gary Player war mein erster Held und mein Vorbild. Er hat etwa meine Größe und deshalb ist sein Schwung für mich relevanter als der eines größeren Golfspielers. Er kam aus einem Umfeld, in dem es schwierig war, Golf zu spielen, musste weit reisen, um sich mit den Besten in der Welt zu messen – genau wie ich es tat. Gary hat immer rigoros auf seine Fitness geachtet. Er war sehr entschlossen und hat Phänomenales geleistet. Neun Major-Turniere hat er gewonnen, dabei ist er einer der wenigen, denen der Sieg bei allen vier Major-Turnieren gelang.

Er war der erste ausländische Spieler, der bei Matchplays in den USA Furore machte. Zur Höchstform lief er auf, wenn Mann gegen Mann gespielt wurde, was seine fünf Siege bei der World Matchplay Championship beweisen.

Ich hatte schon großen Respekt vor ihm, bevor ich ihm begegnete, und lernte ihn noch mehr schätzen, als ich die Gelegenheit hatte, bei der British Open 1976 eine Übungsrunde mit ihm zu spielen. Damals hat er sich sehr engagiert, um mir zu helfen.

Ich erinnere mich noch an meine erste Begegnung mit Greg Norman, als er Ende der 70er Jahre auf die European Tour ging. Mir ist nie ein anderer Golfer begegnet, der den Ball ähnlich gut geschlagen hat. Das war das Erste, was mir an ihm auffiel: dass er den Ball extrem gerade und gleichzeitig sehr weit schlagen konnte. Wenn ich eine Eigenschaft an ihm herausgreifen müsste, wäre es die, dass er Tag für Tag die längsten und geradesten Drives schlug, die ich je gesehen habe. Im Lauf der Jahre habe ich viele Spieler mit einer enormen Weite gesehen und ich habe Spieler gesehen, die den Ball gerade schlagen konnten, aber es gab nicht allzu viele, die konstant beides tun konnten. Greg beherrschte eigentlich alles im Golf – sein Spiel mit den langen Eisen war ebenso hervorragend wie sein kurzes Spiel und seine Putts. Wenn er in Form war, konnte er jedes Spielerfeld beherrschen – das hat er auch oft genug getan.

Jahrelang war er die Nummer 1 der Weltrangliste. Sowohl in Europa als auch in den Vereinigten Staaten hielt er sich an der Spitze. Außerdem war er sowohl bei seinen Kollegen als auch bei den Fans außerordentlich beliebt.

Seine Ergebnisse bei den Major-Turnieren sind ungewöhnlich. Er siegte nur zweimal (bei der British Open 1986 und 1993), aber ich kenne keinen, der so oft um den Sieg spielte. So weit ich mich erinnere, wurde er achtmal bei einem Major-Turnier Zweiter. Während der Stechen erlebte er einige für ihn besonders unglückliche Wendungen, zum Beispiel als Larry Mize bei der Masters 1987 seinen Chip einlochte und Bob Tway bei der PGA Championship 1986 Gleiches mit dem Bunkerschlag gelang. Greg war so oft ganz nahe dran und hatte dann doch so wenig vorzuweisen. Er hielt die Ohren steif und machte weiter und es schien ihm nichts auszumachen. Mich beeindruckte, wie umsichtig er immer redete und dass er nie einen Vorwurf erhob.

Sergio García hat für sein Alter schon eine Menge erreicht. Er ist einer der besten Putter, die ich kenne. Für seine Größe schlägt er erstaunlich weit. Man kann die Zukunft zwar nicht voraussagen, aber ich glaube, er kann einfach alles erreichen, wenn er daran arbeitet. Es würde mich nicht überraschen, wenn er es im Golfsport sehr weit bringen würde.

Jack Nicklaus war über längere Zeit der beste Golfspieler der Welt. Seine Liste von achtzehn Major-Siegen ist unerreicht und die Zeitspanne von 24 Jahren zwischen dem ersten und dem letzten Major-Sieg wirklich bemerkenswert. Ich bewundere Jack Nicklaus für das, was er geleistet hat. Um so viele Majorturniere gewinnen zu können wie er, muss man nicht nur ein großartiger Golfspieler sein, sondern braucht auch enorme mentale Stärke. Sich derartig lang an der Spitze halten zu können, ist einfach erstaunlich.

Jack konnte außerordentlich weite Drives schlagen, sein Spiel mit den langen Eisen war exzellent. Das Eisen 1 schlug er lang und weich wie kaum ein anderer. Er war ein sehr kluger Golfspieler, der sich nie geschlagen gab. Jack ging sehr planmäßig vor und hatte seine eigene Strategie – überlegte sich genau, wie er jedes Loch spielen würde. Methodik und zielgerichtetes Spiel waren seine Stärken.

Jack kann außergewöhnlich gut unter Druck putten, bringt den Ball schier nur mit der Willenskraft ins Loch. Als ich mich einmal mit ihm über das Putten unterhielt, meinte er: »Ich setze beim Putten nicht zum Rückschwung an, bis ich weiß, dass ich es schaffen kann.« Das ist eine unglaubliche Aussage – und ein Grund, warum er ein so großartiger Golfspieler werden konnte.

Von der Saison 2001 bis heute

Anfang 2001 hatte ich seit drei Jahren kein Turnier mehr gewonnen und lag auf Platz 63 der Weltrangliste. Einige Golfjournalisten feilten schon an meiner Grabrede: Langer hatte eine gute Karriere; er war ein großartiger Golfspieler, aber nun hat das Alter ihn eingeholt. Das sah ich allerdings anders!

Obwohl ich drei Jahre lang nicht mehr gewonnen hatte, war ich der Meinung, dass ich in dieser Phase trotzdem gut gespielt hatte; der Sieg war durchaus greifbar, schließlich hatte ich mehrmals den zweiten Platz erreicht. Oft war es nur ein einziger verfehlter Putt, ein verzogener Drive, ein schlechter Schwung, die Wahl des falschen Schlägers oder eine ähnliche Fehleinschätzung, was den Unterschied zwischen dem Sieg und einem Platz im Mittelfeld ausmachte.

Wenn ich am Abend den Tag überdachte, schien es immer einen oder zwei Schläge zu geben, bei denen ich mir sagte: »Wie konnte ich das nur tun?« Es wollte mir einfach nicht recht gelingen, alles richtig zu machen, obwohl ich mehrmals in diesen Jahren nahe daran war.

Ein Golfturnier zu gewinnen, ist keine Frage wissenschaftlicher Genauigkeit. Das Komische ist, dass man manchmal gewinnt, obwohl man nicht in Höchstform ist; und ein anderes Mal spielt man wirklich gut, aber irgendjemand braucht einfach einen Schlag weniger. Man geht in Führung, und dann verspringt der Ball plötzlich in eine ganz schlechte Lage oder ein anderer locht einen Pitch ein, und schon ändert sich der Ausgang des Turniers.

Nach der Analyse dieser sieglosen Periode kam ich also zu der Einschätzung, dass es allein an der nötigen Feinabstimmung fehlte. 2001 bekam ich neue Golfschläger – alle vierzehn Schläger wurden ausgewechselt. Ich wählte einen neuen Ball und nahm – wie gewöhnlich – einige Veränderungen in meinem Schwung vor, die allesamt gut funktionierten. Es passte einfach alles zusammen. Das, was in den vorangegangenen Jahren gefehlt hatte, war nun wieder da.

Ein Journalist fragte mich, was denn 2001 anders sei. Ich sagte: »Ich habe denselben Coach, denselben Caddie, dieselbe Ehefrau und glaube immer noch an denselben Gott. Ich gehe also davon aus, dass es die Schläger sein müssen!«

Das ganze Jahr hindurch spielte ich konstant. Neben zwei Siegen erreichte ich viele Platzierungen unter den Top Ten – das war schon in früheren Jahren immer mein Markenzeichen gewesen. Oft kämpfte ich um den Sieg und hatte so manches gute Finish. Die Saison 2001 war in vielerlei Hinsicht meinen früheren guten Jahren sehr ähnlich.

In den USA kam ich sechsmal und in Europa viermal unter die Top Ten. Bei der Masters hatte ich eine starke Woche und endete mit neun unter Par auf dem sechsten Platz. Leider blieb Tiger Woods sechzehn unter Par.

Seit der Masters 1993 hatte ich in den USA nicht mehr gewonnen. 2001 wurde ich Zweiter bei der Fedex St. Jude Classic hinter Bob Estes. Dritter wurde ich auch einmal, aus einem Sieg aber wurde leider nichts. Bob Estes begann bei der Fedex St. Jude Classic mit einer 61 und spielte die ganze Woche über außergewöhnlich gut. Es ist gar nicht so einfach, ein Turnier zu gewinnen, bei dem man die ganze Zeit in Führung liegt. Mit Scores von 69, 65, 68 und 66 konnte ich bis auf einen Schlag zu ihm aufschließen. Zu Beginn der Schlussrunde lag ich noch fünf Schläge zurück, aber als er am fünfzehnten Loch ein Bogey machte und ich am sechzehnten ein Birdie, hatte sich der Abstand bis auf einen einzigen Schlag verringert. Am siebzehnten Loch war mein Birdie-Putt zwar auf der Linie, aber der Ball blieb 30 Zentimeter zu kurz.

Bei der Worldcom Classic in Harbour Town, die ich schon

1985 gewonnen hatte, wurde ich Dritter. Ich spielte dreimal die 69 und eine 67er Runde, endete aber einen Schlag hinter José Coceres, der das Stechen gegen Billy Mayfair gewann. Auch bei der Players Championship in Sawgrass wurde ich Dritter. Nach der Auftaktrunde mit 73 Schlägen hatte ich zu viel aufzuholen und blieb mit Runden von 68, 68 und 67 zwei Schläge hinter Tiger – wem sonst! Das war mein drittes gutes Finish in Sawgrass. 1993 war ich Zweiter hinter Nick Price, 1995 hinter Lee Janzen.

Die drei Schlusslöcher in Sawgrass mit den Wasserhindernissen sind fantastisch. Das Siebzehnte ein Par 3 mit Insel-Grün ist weltbekannt. Die Entfernung bis zur Grünmitte wird mit 124 Metern angegeben, kann aber um etwa zwölf Meter abweichen, je nachdem ob die Fahne vorne oder hinten steht. Auch der Wind kann einen Unterschied von einem oder zwei Schlägen ausmachen. Ich habe dort schon mit einem Eisen 7 abgeschlagen, während mein kürzester Schläger das Pitching Wedge war. Wenn die Fahne halb vorn steht und nicht viel Wind herrscht, nehme ich wahrscheinlich ein Pitching Wedge.

Das Loch selbst ist nicht allzu schwer zu spielen, wenn es keinen Wind gibt. Das Problem ist nur, dass es dort fast immer windig ist. Oft kämpft man mit Wirbeln oder Seitenwind, sodass der Einfluss auf den Schlag weit schwerer zu beurteilen ist, als wenn es nur Gegen- oder Rückenwind wäre. Außerdem gibt es dort so viele hohe Fichten, dass man selbst gegen den Wind abgeschirmt ist und nicht merkt, wie stark die Flugbahn des Balles beeinflusst wird. Der Wind ist der Hauptgrund, weshalb so viele Bälle während des Turniers ins Wasser gehen. Es ist sicher ein Loch, das Amateure schreckt. Man sagt, dass jährlich 150 000 Bälle aus dem Wasser gefischt werden!

Auf jeden Fall verspricht das Loch Spannung. Wenn man zum Abschlag geht, pocht das Herz ein wenig schneller. Die Zuschauer versammeln sich hier immer in sehr großen Mengen. Man ist jedes Mal erleichtert, wenn man seinen Ball auf dem

Grün landen sieht. Wobei es nicht genügt, nur das Grün zu treffen, man muss in der Nähe der Fahne sein. Das Grün hat drei Plateaus und man möchte nicht auf dem falschen landen.

Das siebzehnte Loch ist also spektakulär, aber ich halte die achtzehnte Spielbahn mit dem Wasser auf der ganzen linken Seite des Fairways für beängstigender. Auf der Achtzehn kann man vorlegen und das Wasser aus dem Spiel lassen, aber dann hat man anschließend einen so schwierigen zweiten Schlag, dass man wahrscheinlich ein Bogey oder sogar ein Doppel-Bogey macht. An einem windstillen Tag ist das Loch ganz in Ordnung und nur ein schlechter Schlag landet im Wasser. Allzu aggressives Spiel kann man sich hier aber nicht leisten.

Als ich wieder in Europa spielte und in Noordwijkse die Dutch Open gewann, war das nicht nur mein erster Sieg seit 1997, sondern das gewonnene Preisgeld sicherte mir auch einen Platz im Ryder Cup. Dabei lag ich eigentlich weit zurück. In der Schlussrunde kam der Wendepunkt am vierzehnten Loch. Eigentlich hatte ich die Bahn ziemlich schlecht gespielt, aber aus dreieinhalb Metern zum Bogey eingelocht. Damit lag ich vier Bahnen vor Schluss noch zwei zurück. Mit Birdies auf der fünfzehnten, sechzehnten und siebzehnten Spielbahn schloss ich zu Warren Bennett auf. Am ersten Extraloch im Stechen spielte ich Par, sodass Warren mit einem Birdie-Putt den Sieg in der Tasche gehabt hätte. Zu seinem Bedauern wurde es aber ein Dreiputt.

Daneben konnte ich auch mein eigenes Turnier, die Linde German Masters, gewinnen. Ich lag am Schluss 22 unter Par, schlug John Daly und Fredrik Jacobson um einen Schlag. Das war mein elfter Sieg bei einem Turnier der European Tour in Deutschland. Mit einem Annäherungsschlag am 71. Loch, bei dem der Ball erst 30 Zentimeter vor dem Wasser stoppte, hielt ich die Spannung bis zum Schluss aufrecht!

Bei der British Open wurde ich Dritter, genauso wie bei der

Nedbank Golf Challenge in Sun City, die Sergio García gewann, mit drei Schlägen Vorsprung auf mich. Es war mein vierzehntes Turnier in Sun City. Offenbar halte ich dort den Rekord für die meisten Turnierrunden unter Par – insgesamt 38. Die beiden Rekorde, die ich früher für den niedrigsten und den höchsten Score hielt, wurden inzwischen gebrochen.

2001 wurde ich in die World Golf Hall of Fame aufgenommen. Das war eine große Ehre, besonders weil ich der erste Deutsche war, der diese Auszeichnung erhielt. Im ganzen Verlauf meiner Karriere habe ich mich immer um konstante Leistung bemüht; dafür anerkannt zu werden, bedeutet mir sehr viel. Es ist wirklich ein Privileg, zum Kreis der vielen herausragenden Golfspieler und bedeutenden Persönlichkeiten zu gehören, die bereits in die Hall of Fame aufgenommen wurden – Menschen, für die ich großen Respekt empfinde.

Ende 2001 lag ich auf Platz 13 der Weltrangliste. Manchmal werde ich gefragt, ob die Spieler die Ranglisten ernst nehmen. Meiner Meinung nach tun sie das, obwohl es eine Weile dauerte, bis die Weltranglisten das Vertrauen der Golfspieler gewonnen hatten. Gelegentlich entstand der Eindruck, dass die amerikanischen Turniere zu stark gewichtet wurden; dann wieder schienen die europäischen begünstigt zu werden. Aber inzwischen wurde offenbar eine Wertung gefunden, die für alle Teile der Welt gerecht ist. Diese Auffassung lässt sich dadurch bestätigen, dass die Ranglisten inzwischen von den Kontrollinstanzen und den wichtigsten Tour-Veranstaltern anerkannt und benutzt werden. Wenn ich mir die aktuellen Ranglisten ansehe, kann ich dort niemanden erkennen, der deutlich am falschen Platz wäre.

Ein positiver Aspekt der aktuellen Wertungen ist die Tatsache, dass man bei der Entscheidung darüber, wie viele Punkte für ein bestimmtes Turnier zu vergeben sind, die Stärke des Feldes berücksichtigt. Jeder weiß, dass die Major-Turniere am schwierigsten zu gewinnen sind und dass dort die meisten der hundert weltweit führenden Golfspieler antreten. Deshalb müssen die Major-Turniere eindeutig höher bewertet werden.

Man kann in derselben Woche an zwei regulären Turnieren teilnehmen, das eine mit fünfzig Spitzenspielern der Welt besetzt, das andere dagegen nur mit zehn. Auch hier ist es richtig, dass der Sieger des ersten Turniers, nachdem er fünfzig der weltbesten Golfspieler geschlagen hat, mehr Punkte bekommt als derjenige, der das kleinere Turnier gewonnen hat. So wird es auch inzwischen gehandhabt.

Am Jahresende setze ich mich einige Tage mit meinem Coach Willi Hofmann zusammen, um zu entscheiden, was geändert oder verbessert werden muss. Danach brauche ich viel Zeit auf der Driving Range, um diese Änderungen auch wirklich umzusetzen oder es zumindest zu versuchen. Je älter man wird und je länger man in einer bestimmten Weise Golf gespielt hat, desto schwieriger wird es, den Griff, den Schwung usw. zu modifizieren. Gewohnheiten sind einem so in Fleisch und Blut übergegangen, dass man lange braucht, um sich die Neuerungen zu erarbeiten.

Manche Leute können kaum verstehen, warum ich noch Änderungen vornehmen will. Aber selbst wenn 2001 ein sehr erfolgreiches Jahr war, bin ich immer noch der Meinung, dass gewisse Modifikationen notwendig sind. Ich hatte auch während dieser erfolgreichen Saison immer wieder das Gefühl, dass ich meine Sache besser hätte machen können. Es gab Aspekte in meinem Spiel, mit denen ich nicht zufrieden war.

2002 kam ich bei der Masters auf Platz 32. Die Änderungen am Platz sagen mir zu, da sie den Kurs aus meiner Sicht einfach gerechter machen. Einige Bunker, die Golfer mit extrem langen Drives überwinden konnten, sind jetzt für alle im Spiel. Es gibt drei Spielbahnen, mit denen ich nicht so zufrieden bin – Neun, Vierzehn und Achtzehn. Hier sind die Grüns aus meiner Sicht ein wenig klein geraten, und nicht für einen Annäherungsschlag mit einem langen Eisen konzipiert. Würde man die Bahnen um 20 Meter verkürzen, wären sie in Ordnung.

Am meisten machte mir in dieser Woche die Fünfzehn zu schaffen, ein Par-5-Loch, bei dem das Grün durch Wasser geschützt ist. In der ersten Runde lag ich vor diesem Loch immerhin drei unter Par, attackierte dann aber die Fahne mit dem Eisen 3. Es war mein zweiter Schlag, ich traf den Ball gut, er landete auf dem Grün, rollte dann aber zurück ins Wasser. Einen Meter weiter und ich hätte den Ball zum Eagle eingelocht. So aber brauchte ich sieben Schläge. Am nächsten Tag machte ich es genauso, diesmal mit einem Eisen 5.

Müsste ich das Ganze noch einmal wiederholen, würde ich jedes Mal denselben Schläger auf dieselbe Weise schlagen – der Ball könnte wieder ins Wasser gehen, aber er könnte auch auf dem Grün bleiben und mir einen Eagle-Putt ermöglichen. Selbst zwei Birdies hätten mir 5 oder 6 Schläge erspart. Dafür, dass ich das Ziel nur um einen Meter verfehlt hatte, fiel die Strafe ziemlich üppig aus. Aber so ist es nun mal im Golf!

In der folgenden Woche wurde ich Vierter bei der Worldcom Classic in Harbour Town mit drei Schlägen hinter Justin Leonhard. In der ersten Runde lag ich drei unter Par, schloss dann aber mit drei Bogeys (5, 4, 5). Am nächsten Tag spielte ich – bei Scores von 3, 3, 3 auf den Schlusslöchern – eine 65! Eine insgesamt gute Leistung, aber ich konnte nie ganz zu Justin aufschließen.

Ich versuche ständig, mich zu verbessern. Ich erinnere mich noch an eine Woche in Bay Hill, wo ich in dreizehn Grünbunkern landete und jedes Mal mit einem Schlag wieder aufs Grün kommen und dann einlochen konnte. In der folgenden Woche tauchte ich mit zwei neuen Sand Wedges auf. Peter sah mich ungläubig an – waren 100 Prozent für mich nicht gut genug? Ich erklärte, dass ich nach einem Schläger suchte, der aus 82 Metern besser war. Und nachdem ich die Linde German Masters gewonnen hatte, probierte ich bei einem Pro-Am in der Woche darauf wieder einen neuen Putter aus, um festzustellen, ob er besser wäre.

Mein Coach Willi sagt immer, er möchte, dass ich auch in fünfzehn Jahren noch gutes Golf spiele. Das aber wird nur möglich sein, wenn ich unter anderem Änderungen vornehme, die den Druck von meinem Rücken nehmen. Es ist also eine Kombination von zwei Faktoren: Ich möchte besser spielen, um bessere Ergebnisse zu erzielen und konkurrenzfähig zu bleiben, und zugleich brauche ich eine Technik, die ein Minimum an Belastung für meinen Rücken und meinen Körper bedeutet. Die Suche nach Perfektion geht also weiter!

Die Zukunft

Wenn mein Körper es zulässt, werde ich wahrscheinlich auf die Senioren-Tour gehen, immer vorausgesetzt, ich behalte die Freude am Wettkampf und genieße das Golfspiel weiter. Dass ich die Freude am Wettkampf verlieren könnte, halte ich für unwahrscheinlich. Wenn man einmal gesiegt hat, ist das eine Erfahrung, die weiter anspornt. Man möchte wieder gewinnen, weil es nichts gibt, was sich mit einem Sieg vergleichen lässt. Der Spruch, dass sich niemand an den zweiten oder dritten Platz erinnert, ist wahr.

Ich reise nicht um die halbe Welt, nur um an einem Turnier teilzunehmen. Wenn ich nicht motiviert wäre, um den Sieg zu kämpfen, würde ich nicht spielen. Ich bin ein Mensch, der immer alles gibt. Manchmal wird diese Neigung bei mir so intensiv, dass ich mich bewusst bremsen und mir in Erinnerung rufen muss, dass es nur ein Golfturnier ist und wir nicht um Leben oder Tod spielen.

Meine sportliche Zukunft wird eher von der Frage abhängen, wie gesund ich sein werde. In einem Alter von 50 bis 55 Jahren kann man auf der Senioren-Tour eine Menge Geld verdienen. Man gehört dann zu den jüngsten, stärksten und längsten Spielern dieser Gruppe. Wenn man älter als 55 Jahre ist, scheint es wesentlich schwieriger zu werden, besonders erfolgreich zu sein.

Ich werde gegen die Golfer meiner Altersgruppe antreten, also dieselben Leute, mit denen ich mich mein ganzes Leben lang gemessen habe: Nick Faldo, Greg Norman, Nick Price, Seve und viele andere. Es hat mir Spaß gemacht, bei der regulären Tour mit ihnen zu wetteifern, und ich denke, das wird auf der Senioren Tour nicht viel anders sein.

Davor aber möchte ich noch ein weiteres Major gewinnen, auch wenn das mit zunehmendem Alter nicht leichter wird. Bedenkt man, dass Nicklaus mit 46 Jahren der älteste Spieler war, der je ein Major gewonnen hat, muss ich davon ausgehen, dass ich vielleicht nicht mehr viele Jahre Zeit dazu habe. Aber es steckt noch Leben in mir. Es kommt einfach ganz darauf an, wie dynamisch man nach so vielen Jahren als Pro noch ist. Auch die Fähigkeit, noch zielorientiert zu arbeiten, spielt eine wesentliche Rolle.

Ich sehe keinen Grund, meinen Beruf aufzugeben. Ich arbeite gern, warum sollte ich also? Natürlich könnte ich dann mehr Zeit mit meiner Familie verbringen, was sehr schön wäre – aber gleich jeden Tag im Jahr? Mein Leben wäre wohl kaum ausgefüllt. Ein Teil von mir ist einfach an das Arbeiten gewöhnt, an das Adrenalin, und braucht die Aufregung, die damit verbunden ist.

Anders als viele andere Menschen würde ich es nicht genießen, den ganzen Tag am Strand zu sitzen. Das wäre die schlimmste Strafe, die man mir antun könnte. Dazu bin ich zu aktiv. Ich muss irgendetwas zu tun haben.

Ich habe eine Familie, vier Kinder, dazu ein Büro in meinem Haus, in dem ich Stunden damit verbringe, einen Berg Papierkram zu erledigen. Vor zwanzig Jahren hatte ich damit nichts zu tun. Heute habe ich meinen Bruder, der unsere Geschäfte führt sowie zwei Manager, die für mich arbeiten. Es gibt für mich trotzdem eine Menge zu tun. Aber ich bin immer noch zuerst und vor allem ein Golfer.

Ich bin sehr entschlossen und weiß, dass ich mein Spiel verbessern kann, genauso wie sich meine Technik noch steigern lässt. Mein Ziel ist es, mehr Fairways und Grüns zu treffen, weil das weniger anstrengend ist, als ständig im Rough herumzustapfen.

Nach fast dreißig Jahren als Golfprofi habe ich eine Menge Erfahrung. Vielleicht schlage ich nicht so weit wie der Nachwuchs auf der Tour, aber dafür kenne ich Schläge, von denen sie nichts wissen. Ich habe meinen Schwung millionenfach durchexerziert. Das haben sie nicht, weil sie schlichtweg nicht alt genug sind. Es gibt also Vor- und Nachteile bei Jugend und Reife. Ich glaube, wenn ich auf mich achte und mir die nötige Zeit für Fitness und Übung nehmen, kann ich noch einige Jahre wettbewerbsfähig bleiben.

Ein Sieg bei der British Open ist weiterhin mein Traum. Ich gehe jeden Tag raus und übe oder spiele, wobei ich immer versuche, mein Bestes zu geben. Manchmal ist eine 65 das beste Ergebnis im Match, manchmal eine 78. Was mich betrifft, so möchte ich ein guter Ehemann und Vater sein; ich hoffe, dass meine Familie und ich noch viele Jahre gesund bleiben werden und dass es keine tragischen Ereignisse geben wird. Und ich hoffe, dass wir unsere Familie zusammenhalten können. Es gibt heute so viele Scheidungen und die Kinder leiden darunter.

Jesus sagte: »Sorge dich nicht um den morgigen Tag; der

Ein Bild meiner Familie aus dem Jahr 2001.

wird für sich selbst sorgen. Du hast genug Sorge für den heutigen Tag.« Das ist ein guter Rat. Nur mit der Kraft Gottes konnte ich die Probleme bewältigen, mit denen ich konfrontiert wurde, und trotzdem so zufrieden bleiben. Ich glaube, entscheidend ist nicht, was man leistet, sondern was man überwindet. Meine Zuversicht im Hinblick auf die Zukunft beruht auf dem Wissen, dass Gott auch in Zukunft bei mir sein wird.

Ich hoffe, dass dieses Buch Ihnen einen kleinen Einblick in mein Leben vermitteln konnte. Sehen Sie, ich war 28 Jahre alt und hatte eigentlich schon alles erreicht, was ich mir gewünscht und erträumt hatte. Doch gerade an diesem Punkt erkannte ich, dass materielle Dinge nicht glücklich machen und dass es in diesem Leben noch mehr geben muss, als Geld auf der Bank anzuhäufen oder Autos, Häuser und sonstige Dinge zu kaufen. Man will nur immer noch mehr und ist nie zufrieden.

Wie Sie erfahren haben, lernte ich durch eine Bibelgruppe während der US-Tour Jesus Christus als meinen Erlöser kennen und das veränderte alles. Manchmal fühlen wir uns überwältigt von den Anforderungen der Welt an uns oder von den Zielen, die wir uns selbst gesteckt haben. Seit ich Christ bin, steht Gott bei den Prioritäten meines Lebens an erster Stelle; und wann immer ich in dieser Welt scheitere oder schwere Zeiten durchmache, rufe ich mir einfach in Erinnerung, was Jesus am Kreuz für mich getan hat und was für ein Glück und ein Segen es für mich ist, dass ich eine persönliche Beziehung zu ihm haben kann. Er hat alle meine Sünden weggenommen. Was immer auch in dieser Welt geschehen mag, es wird mir nicht die Freude nehmen, ihn eines Tages selbst im Himmel zu sehen.

Ein Journalist fragte mich einmal: »Was hätten Sie gern auf Ihrem Grabstein stehen?« Ich antwortete: »Was auf einem Grabstein geschrieben steht, hat nichts zu bedeuten. Wichtig ist nur, dass unsere Seele in den Himmel kommt.«

Bernhard Langer – Turnier-Ergebnisse

1 Biographische und persönliche Daten
2 Turniersiege
3 Turniere in Deutschland
4 Die Majors
5 Weltrangliste
6 Order of Merit / Geldrangliste
7 Ryder Cup
8 Niedrigste Runden
9 Holes in one
10 Teamwettkämpfe

1 Biographische und perönliche Daten

Geboren am:	27. August 1957
Profi seit:	1976
Verheiratet mit:	Vikki (1984)
Kinder:	Jackie (1986) Stefan (1990) Christina (1993) Jason (2000)

2 Turniersiege

1975	Nationale Offene Deutche Meisterschaft
1977	Nationale Offene Deutsche Meisterschaft
1979	Cacharel World Under 25 Championship
	Nationale Offene Deutsche Meisterschaft
1980	Dunlop Masters
	Colombian Open
1981	Bob Hope British Classic
	German Open
1982	Lufthansa German Open
1983	Italian Open
	Glasgow Golf Classic
	St. Mellion Timeshare TPC
	Casio World Open
	Johnnie Walker Tournament
1984	Peugeot Open de France
	KLM Dutch Open
	Carroll's Irish Open
	Benson & Hedges Spanish Open
	Nationale Offene Deutsche Meisterschaft
1985	US Masters
	Lufthansa German Open
	Panasonic European Open
	Sea Pines Heritage Classic
	Australian Masters
	Nationale Offene Deutsche Meisterschaft
1986	German Open
	Lancôme Trophy
	Million Dollar Challenge (Sun City)
	Nationale Offene Deutsche Meisterschaft
1987	Whyte & Mackay PGA Championship
	Carroll's Irish Open
	Nationale Offene Deutsche Meisterschaft

1988	Epson Grand Prix of Europe
	Nationale Offene Deutsche Meisterschaft
1989	Peugeot Spanish Open
	German Masters
	Nationale Offene Deutsche Meisterschaft
1990	Cepsa Madrid Open
	Austrian Open
	Nationale Offene Deutsche Meisterschaft
1991	Benson & Hedges International Open
	Mercedes German Masters
	Million Dollar Challenge (Sun City)
	Hong Kong Open
	Nationale Offene Deutsche Meisterschaft
1992	Heineken Dutch Open
	Honda Open
	Nationale Offene Deutsche Meisterschaft
1993	US Masters
	Volvo PGA Championship
	Volvo German Open
1994	Murphy's Irish Open
	Volvo Masters
1995	Volvo PGA Championship
	Deutsche Bank Open TPC of Europe
	Smurfit European Open
1996	Alfred Dunhill Masters, Hong Kong
1997	Conte of Florence Italian Open
	Benson & Hedges International Open
1997	Chemapol Trophy Czech Open
	Linde German Masters
	Argentinian Masters
2001	Dutch Open
	Linde German Masters

3 Turniere in Deutschland

	German Open	German Masters	BMW International	Deutsche Bank Open
1974	MC			
1975	68			
1976	32			
1977	MC			
1978	MC			
1979	30			
1980	43			
1981	1			
1982	1			
1983	16			
1984	18			
1985	1			
1986	1			
1987	9	2		
1988	29	31		
1989	5	1	MC	
1990	19	2		
1991	22	1	15	
1992	34	2	2	
1993	1	4	3	
1994	2	34	14	
1995	37	2	2	1
1996	37	23	16	15
1997	4	1	12	MC
1998	13	15	4	4
1999	32	9	15	11
2000		6	2	MC
2001		1	16	47

Gesamtschnitt in Deutschland: 10 Siege, 7 zweite Plätze und 26 Plätze unter den Top Ten – zusätzlich 12 Siege bei der Nationalen Offenen Deutschen Meisterschaft.

	US Masters	US Open	The Open	US-PGA
1976			MC	
1977				
1978			MC	
1979				
1980			44	
1981			2	
1982	MC	MC	13	
1983			56	
1984	31		2	
1985	1	MC	3	32
1986	16	8	3	MC
1987	7	4	17	21
1988	9	MC	68	MC
1989	26	59	78	61
1990	7	MC	48	MC
1991	32	MC	9	MC
1992	31	23	59	40
1993	1	MC	3	MC
1994	25	23	60	25
1995	31	36	24	
1996	36	MC	MC	76
1997	7	MC	38	23
1998	39	MC	MC	
1999	11		18	61
2000	28	MC	11	46
2001	6	40	3	77
2002	32			

Die Serie von 19 Cuts in Folge bei der US Masters ist zur Zeit die längste Serie in diesem Turnier. Sie liegt 4 Cuts hinter Gary Players' Gesamtrekord von 23 Cuts in Folge bei der US Masters.

5 Weltrangliste

Die offizielle Weltrangliste wurde 1986 eingeführt und Bernhard Langer war der erste Golfspieler, der sich an die Spitze setzen konnte. Auf der Weltrangliste nahm er jeweils am 30. Juni der Jahre 1986 bis 2001 folgende Plätze ein:

1986	1
1987	3
1988	4
1989	20
1990	13
1991	8
1992	5
1993	2
1994	4
1995	4
1996	9
1997	17
1998	23
1999	36
2000	64
2001	47

Am 31. Dezember 2001 lag Bernhard Langer auf Platz 13.

6 Order of Merit / Europäische Geldrangliste

Jahr	Preisgelder in der Order of Merits	Position auf der Geldrangliste
2001	€ 1577.130	6
2000	€ 759.903	19
1999	€ 496.608	15
1998	£ 262.347	18
1997	£ 692.398	2
1996	£ 152.348	39
1995	£ 655.854	3
1994	£ 635.483	2
1993	£ 469.570	4
1992	£ 488.913	2
1991	£ 372.703	3
1990	£ 320.450	4
1989	£ 205.195	7
1988	£ 66.368	30
1987	£ 141.394	5
1985	£ 115.716	2
1984	£ 139.344	1
1983	£ 73.734	3
1982	£ 43.848	6
1981	£ 81.036	1
1980	£ 32.395	9
1979	£ 7.972	56
1978	£ 7.006	40
1977	£ 691	204
1976	£ 2.130	90

7 Ryder Cup

1981 Walton Heath GC, England

Ergebnis des Matches:	USA 18,5 – Europe 9,5
1. Tag Vierer	Bernhard Langer und Manúel Piñero verloren gegen Larry Nelson und Lee Trevino um ein Loch.
2. Tag Vierball	Bernhard Langer und Manúel Piñero schlugen Ray Floyd und Hale Irwin 2 und 1.
2. Tag Vierer	Bernhard Langer und Manuel Piñero verloren gegen Jack Nicklaus und Tom Watson 3 und 2.
Einzel	Bernhard Langer teilte den Sieg mit Bruce Lietzke.

1983 PGA National GC, Palm Beach Gardens, USA

Ergebnis des Matches:	USA 14,5 – Europa 13,5
1. Tag Vierer	Bernhard Langer und Nick Faldo schlugen Lanny Wadkins und Craig Stadler 4 und 2.
1. Tag Vierball	Bernhard Langer und Nick Faldo verloren gegen Tom Watson und Jay Haas 2 und 1.
2. Tag Vierball	Bernhard Langer und Nick Faldo schlugen Ben Crenshaw und Calvin Peete 4 und 2.
2. Tag Vierer	Bernhard Langer und Nick Faldo schlugen Tom Kite und Ray Floyd 3 und 2.
Einzel	Bernhard Langer schlug Gill Morgan um

zwei Löcher.

1985 The Belfry, Sutton Coldfield, England

Ergebnis des Matches:	Europa 16,5 – USA 11,5
1. Tag Vierer	Bernhard Langer und Nick Faldo verloren gegen Calvin Peete und Tom Kite 3 und 2.

1. Tag Vierball	Bernhard Langer und José María Cañares teilten den Sieg mit Craig Stadler und Hal Sutton.
2. Tag Vierball	Bernhard Langer und Sandy Lyle teilten den Sieg mit Craig Stadler und Curtis Strange.
2. Tag Vierer	Bernhard Langer und Ken Brown schlugen Ray Floyd und Lanny Watkins 3 und 2.
Einzel	Bernhard Langer schlug Hal Sutton 5 und 4.

1987 Muirfield Village, Ohio, USA

Ergebnis des Matches:	Europa 15 – USA 13
1. Tag Vierer	Bernhard Langer und Ken Brown verloren gegen Hal Sutton und Dan Pohl 2 und 1.
1. Tag Vierball	Bernhard Langer und Sandy Lyle schlugen Andy Bean und Mark Calcavecchia um ein Loch.
2. Tag Vierer	Bernhard Langer und Sandy Lyle schlugen Lanny Watkins und Larry Nelson 2 und 1.
2. Tag Vierball	Bernhard Langer und Sandy Lyle schlugen Lanny Watkins und Larry Nelson um ein Loch.
Einzel	Bernhard Langer teilten den Sieg mit Larry Nelson.

1989 The Belfry, Sutton Coldfield, England

Ergebnis des Matches:	Europa 14 – USA 14
1. Tag Vierer	Bernhard Langer und Ronan Rafferty verloren gegen Ken Green und Mark Calcavecchia 2 und 1.
2. Tag Vierball	Bernhard Langer und José María Cañares verloren gegen Tom Kite und Mark McCumber 2 und 1.

Einzel	Bernhard Langer verlor gegen Chip Beck 3 und 2.

1991 Ocean Course, Kiawah Island, USA

Ergebnis des Matches:	USA 14,5 – Europa 13,5
1. Tag Vierer	Bernhard Langer und Mark James verloren gegen Ray Floyd und Fred Couples 2 und 1.
2. Tag Vierball	Bernhard Langer und Colin Montgomerie schlugen Steve Pate und Corey Pavin 2 und 1.
Einzel	Bernhard Langer teilten den Sieg mit Hale Irwin.

1993 The Belfry, Sutton Coldfield, England

Ergebnis des Matches:	Europa 13 – USA 15
1. Tag Vierer	Bernhard Langer und Ian Woosnam schlugen Paul Azinger und Payne Stewart 7 und 5.
1. Tag Vierball	Bernhard Langer und Barry Lane verloren gegen Lanny Watkins und Corey Pavin 4 und 2.
2. Tag Vierer	Bernhard Langer und Ian Woosnam schlugen Paul Azinger und Fred Couples 2 und 1.
Einzel	Bernhard Langer verlor gegen Tom Kite 5 und 3.

1995 Oak Hill Country Club, New York, USA

Ergebnis des Matches:	Europa 14,5 – USA 13,5
1. Tag Vierer	Bernhard Langer und Per-Ulrik Johansson schlugen Ben Crenshaw und Curtis Strange um ein Loch.

1. Tag Vierball	Bernhard Langer und Per-Ulrik Johansson verloren gegen Corey Pavin und Phil Mickelson 6 und 4.
2. Tag Vierer	Bernhard Langer und David Gilford schlugen Corey Pavin und Tom Lehman 4 und 3.
2. Tag Vierball	Bernhard Langer und Nick Faldo verloren gegen Corey Pavin und Loren Roberts um ein Loch.
Einzel	Bernhard Langer verlor gegen Corey Pavin 3 und 2.

1997 Valderama GC, Sotogrande, Spanien

Ergebnis des Matches:	Europa 14,5 – USA 13,5
1. Tag Vierer	Bernhard Langer und Colin Montgomerie verloren gegen Tiger Woods und Mark O'Meara 3 und 2.
1. Tag Vierball	Bernhard Langer und Colin Montgomerie schlugen Tiger Woods und Mark O'Meara 5 und 3.
2. Tag Vierer	Bernhard Langer und Colin Montgomerie schlugen Lee Jansen und Jim Furyk um ein Loch.
Einzel	Bernhard Langer schlug Brad Faxon 2 und 1.

Bernhard Langers zehn Siege im Vierer beim Ryder Cup sind ein Rekord.

8 Niedrigste Runden

60 – Berliner G & CC, Motzener See, Linde German Masters, 1997 [-12]
62 – Valderrama, Volvo Masters, 1994 [-9]
62 – Bell´s Scottish Open, 1982 [-8]
62 – Benson & Hedges Spanish Open, El Saler, Valencia, 1984 [-10]
63 – Royal Dublin GC, Carrolls Irish Open, 1985 [-8]
64 – Royal Zoute, Knokke, Belgium, Alfred Dunhill Open, 1993 [-7]
64 – Gardagolf Brescia, Conte de Florence Italian Open, 1997 [-8]
64 – Golf Club Gut Lärchenhof, Köln, Linde German Masters, 2001 [-8]

9 Holes in one

Bei der Australian Masters in Huntingdale 1985 am 17. Loch in der Finalrunde.
Bei der Volvo Masters in Montecastillo 1998 am 14. Loch in der dritten Runde.

10 Teamwettkämpfe

Alfred Dunhill Cup (Deutschland) 1992, 1994, 2000
World Cup (Deutschland) 1976, 1977, 1978, 1979, 1980, 1990 [Deutschland-Sieger], 1991, 1992, 1993, 1994, 1996
Hennessey Cup (Europa) 1976, 1978, 1980, 1982
Seve Ballesteros Trophy (Europa) 2000
4 Tours World Championship (Europa) 1985, 1986, 1987, 1989, 1990
UBS Warburg Cup 2001